이명호

이명호는 '사진-행위 프로젝트(Photography-Act Project)'라 명명한 일련의 작업을 수행해 오고 있다. 매체적 경계를 자유롭게 넘나드는 그의 작업은 사진적 범주를 넘어 문학, 철학 등 다양한 인문적 맥락 속에서 해석, 평가되기도 한다. 세계적으로 주목받아 온 그의 행보는 존재와 부재, 주체와 객체, 재현과 재연이라는 대립적 관계의 대비적 본질을 선명하게 환기한다. 작품의 전시 등 예술 활동을 넘어 작업의 적용 등 예술 활용의 전반에도 깊은 관심을 두고 다채로운 예술적 시도를 이어 가고 있다. 장폴게티미술관(미국 로스앤젤레스), 암스테르담사진미술관(네덜란드 암스테르담), 프랑스국립도서관(프랑스 파리), 빅토리아국립미술관 (호주 멜버른), 국립현대미술관, 서울시립미술관, 고은사진미술관 등에 작품이 소장되어 있다.

덕수궁 회화나무 프로젝트

덕수궁 회화나무 프로젝트

이명호

이은주

정혜진

공우석

최종덕

소현수

심경미

임희정

김서영

민음사

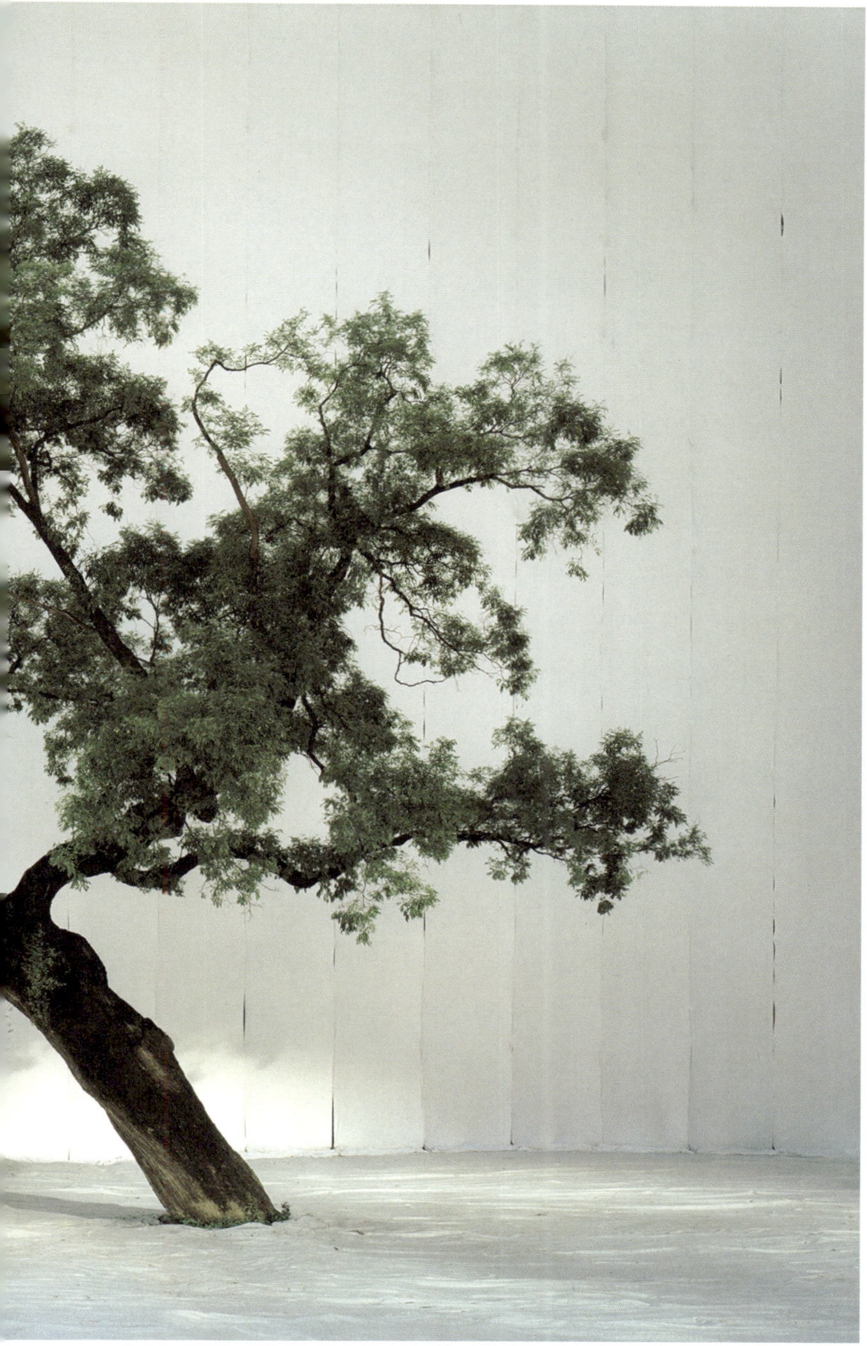

Heritage #7_1

편집자의 말

덕수궁 선원전 터에는 오래도록 자리를 지켜 온 한 그루의 회화나무가 있습니다. 국가유산청의 궁궐 복원사업을 기록하러 현장을 찾은 사진가 이명호는 아트펜스 설치를 위해 선원전 터를 둘러보다 우연히 이 나무와 마주했습니다. 한때 고사 판정을 받아 꽃도 잎도 피우지 못한 채 '죽은 나무'로 기억되던 존재가 어느 날 몸통에서 새싹을 틔우며 되살아났다는 사연은 그의 시선을 오래 붙잡았습니다. 그렇게 응시하던 시선이, 한 권의 책으로 확장되는 출발점이 되었습니다.

덕수궁 회화나무의 '회생'은 단순한 생태적 기적에 그치지 않습니다. 나무는 선원전 복원의 상징이자 도시 유산과 도시 생태의 상징입니다. 또한 우리가 살아가는 도시의 시간과 기억을 새롭게 바라보게 하는 하나의 창입니다. 오랜 시간 인근을 드나들던 사람들조차 거의 인지하지 못했던 존재가 어떻게 다시 살아났는가 하는 사실은 도시가 품고 있는 여러 층위와 우리의 무심했던 시선을 동시에 불러냅니다.

이 책은 2024년 8월 덕수궁 선원전 영역의 옛

조선저축은행 중역 사택에서 열린 이명호 사진전 「회화나무, 덕수궁…」과 같은 달 한국스탠포드센터가 개최한 학술포럼 「지속 가능한 도시와 역사적 유산의 역할」의 주요 내용을 정리한 기록입니다. 사진가, 비평가, 변호사, 생태학자, 조경·궁궐 전문가, 건축가 등 다양한 분야의 전문가가 참여해 회화나무를 중심으로 도시의 유산과 복원, 생태와 건축 등 미래 도시를 위한 넓은 질문을 함께 나누었습니다. 한 그루의 나무를 도시를 사유하는 통로로 삼는 이 책은 한 존재의 회생을 포착한 예술적 기록이자 오래된 유산이 현재의 도시와 어떻게 공명하고 다시 구성될 수 있는지를 묻는 학제적 성찰의 결과물입니다.

우리는 어떻게 이 도시의 더 긴 시간 속에서 과거와 미래를 함께 상상하며 살아갈 수 있을까요? 덕수궁 회화나무는 그 질문에 조용하지만 분명한 답을 들려줍니다. 기억과 복원은 단순히 과거를 재현하는 일이 아니라 도시가 앞으로 어떤 방향으로 살아갈 것인지에 대한 약속이기 때문입니다.

『회화나무 프로젝트』를 통해 독자 여러분도 잠시 걸음을 멈추고 이 도시의 시간, 공기, 그리고 그 안에 켜켜이 쌓인 기억과 미래를 천천히 떠올려 볼 수 있기를 바랍니다.

차례

서문

저 나무는 죽은 나무가 아니다

이응준 시인·소설가

1

아주 어려웠던 시절에, 혼자 밤길을 걸으며 이런 독백을 했더랬다.

……나니까 견디고 있는 거다. 나니까 이렇게 훼손당해도 완전히 파괴되진 않은 거다. 만약 너희들이었다면 돌이킬 수 없이 무너졌을 거다. 산산조각 났을 거다. 나니까 버티고 있는 거다. 나니까 이 고통과 모멸 속에서 뒹굴어도 죽지 않은 거다. 불행은 누구에게나 언제든 찾아온다…….

옳건 그르건 간에, 사람이 극도로 어두운 시기를 통과하는 데에는 저런 독한 마음이라도 요긴한 건지 모른다. 살아남겠다고 하는 독백에 무슨 죄가 있고 또 속죄가 있겠는가. 사람은 사람에게서 그러한 안간힘을 빼앗을 권리가 없다.

시인 천상병(1930～1993)의 시 「나무」를 어려서부터 좋아했다. 그날, 동네 작은 책방 구석에서 먼지가 많이 내려앉은 시집 한 권을 만났다. 아마도 1983년이나 1984년 그 언저리가 아니었을까 싶다. 나는 중학생이었다. 시집 표지 사진에는 허접한 양복 노타이 차림의 한 늙은 시인이 찌그러진 양은 주발에 담긴 막걸리를 약간 고개 숙인 포즈로 들이켜고 있었다. 퇴폐미가 느껴지는 그 실루엣과 뉘앙스가 문학 소년의 탐미적 감성을 자극했다. 책방 유리문으로 들어오는 햇살에 둥둥 떠 있는 고요한 먼지들이 금가루처럼 아름다웠고, 고작 그 나이에 뭘 안다고 삶이 참 심심한데 하염없이 슬프게만 여겨졌다. 나는 천상병의 그 시집을 뒤적이다가, 시 「나무」[1]를 읽었다.

나무

사람들은 모두 그 나무를 썩은 나무라고 그랬다. 그러나 나는 그 나무가 썩은 나무는 아니라고 그랬다. 그 밤. 나는 꿈을 꾸었다.

그리하여 나는 그 꿈속에서 무럭무럭 푸른 하늘에 닿을 듯이 가지를 펴며 자라 가는 그 나무를 보았다.

나는 또다시 사람을 모아 그 나무가 썩은 나무는 아니라고 그랬다.

그 나무는 썩은 나무가 아니다.

1) 천상병, 「나무」, 『주막에서』(민음사, 1995), 13쪽.

이 자유시의 운율을 잠시 묵음(默吟)으로 만들어 놓고, 그 내용만을 내 식으로 정리하자면 이렇다.

세상 어딘가에 나무 한 그루가 서 있다. 사람들은 그 나무가 이미 죽은 나무라고 단언한다. 그들의 그러한 평가와 진단은 지나친 게 아니다. 잎사귀 하나 없이 지난해 열린 열매들까지 바싹 말라비틀어져 썩은 게 분명하다. 나무껍질을 벗겼는데도 녹색 수액이 나오질 않고 검게 타 버린 막대기 같을 뿐이다. 눈이 있고 상식이 있는 자라면 이 나무가 죽은 걸 도저히 부인할 수가 없다.

그러나 한 늙고 병든 시인이 있다. 그는 사람들 앞에 마치 연설하는 소년처럼 나선다. 시인은 이렇게 외친다. '저 나무는 죽은 나무가 아니다!'라고. 사람들은 절망에 시달리고 있다. 서로를 외면하고 희망을 피곤해한다. 사람들은 하나둘씩 그 자리를 다 떠나 버린다. 마지막 한 사람이 떠날 때까지 나무가 살아 있음을 호소하던 시인은 이윽고 지쳐 쓰러져 의식을 잃듯 잠들어 버린다. 추레한 노인(老人)인 시인은 꿈속에서 맑은 소년이 되어 있다. 소년은, 사람들이 완전히 죽어 버렸노라고 무시하는 그 나무가 푸른 하늘에 닿을 듯이 빛나는 잎사귀와 굳센 가지를 무럭무럭 펴며 자라 가는 것을 올려다본다.

소년은, 잠에서 깬다. 그리고 사람들을 불러 모아 다시 말한다. 이 나무는 죽은 나무가 절대로 아니라고. 제발 나를 믿어 달라고. 사람들은 예전의 그 늙고 병든 시인을 보고 있는 게 아니다. 사람들 앞에는 한 소년이 청정한 피뢰침처럼 우뚝 서 있다.

이게 내가 해석하는 천상병의 시 「나무」의 내용이다. 이 시가 아름다운 것은 실지로 나무는 죽었지만, 그 나무는 죽지 않았다고 꿈까지 꾸면서 설파하는 시인과 현실과의 격차, 그 '문학성' 때문이다. 그런 문학은, 그런 시는, 현실이 아니라, 현실에 대한 소망이니까. 아니, 더 정확히 말해서, 현실과 소망의 충돌이 빚어내는 황홀(恍惚)이니까. 소망과 현실의 다름이 빚어내는 슬픔의 아름다움이니까. 그래서 아름다운 시를 쓰는 시인은 본질적으로는 광인(狂人)인 것이다.

그런데, 죽은 나무가 치솟아오르는 바오밥나무처럼 살아나는 이적 기사(異跡奇事)가 현실에서, 우리의 도시 한복판에서 진짜로 일어났다.

2

수령(樹齡)이 250살까지 추측되는 '덕수궁

회화나무'에 대한 이야기다. 옛 덕수궁 흥덕전 터는 부침이 많다. 거기에 회화나무 한 그루가 서 있는 사진 한 장으로부터 이 문학적 기적(miracle)의 역사는 시작된다.

1919년 고종이 서거하자, 일제는 흥덕전 전각을 철거하고 조선저축은행 중역 사택을 지었다. 회화나무는 그 자리에 있었다. 해방 뒤 경기여고가 들어섰을 때도 회화나무는 여전했다. 1965년 경기여고에 큰 화재가 나서 교실과 주변이 불타 버렸을 때 학생들의 위험을 무릅쓴 노력으로 회화나무는 생명을 잃지 않을 수 있었다. 이후 그 장소는 미 대사관 예정지로서 일반인 접근 금지 구역이었고, 잡초가 무성한 공터에 홀로 서 있는 회화나무의 사진이 인터넷상에 떠돌았다. 2004년에는 방화 추정 화재가 발생한다. 회화나무는 이번에는 화마(火魔)를 피해 가지 못해 심하게 훼손됐다. 한국문화유산정책연구소장은 "2004년 5월 6일, 서울 정동 덕수궁 선원전이 있던 옛 경기여고 부지 내 회화나무가 불에 타 고사 직전임을 확인했다."라며 관련 사진 3점을 인터넷 홈페이지에 공개했다. 그나마 2007년까지는 간신히 잎과 꽃을 피워 냈던 회화나무는 안타깝게도 2008년 4월 "죽은 열매가 달려 있는 것은 나무 자체가 죽어 새 잎이 나지 못했기 때문이다. 나무 껍질을 벗겼을 때 녹색의 수액이 없다. 말라비틀어지고 썩었다. 죽은 게 분명하다."라고 고사(枯死) 판정에 이른다. 그런데, 신비로운 사건이 2011년 미국 정부로부터 토지 교환 방식에 따라 서원전, 흥덕전 터 일대를 돌려받는 것으로부터 서서히 진행된다. 2015년 회화나무가 다시 잎이 나고 꽃을 피우기 시작한 것이다. 죽었던 회화나무가 돌무덤을 열고 일어나는 나사로처럼 되살아난 것이다. 십자가 위에 못 박혀 숨을 거뒀던 예수처럼 부활한 것이다. 이어서 2022년, 대한제국 고종 황제가 한일합병조약 뒤 세상을 떠날 때까지 살았던 덕수궁에서 황실 의례를 치르던 옛 선원전 터의 기초 부분 흔적이 드러난다. 이로 인해 2039년까지 선원전 복원 사업이 완료될 계획이며 와중에 이렇듯 2025년 '덕수궁 회화나무 프로젝트'가 추진된다.

남과 자신에게 거짓말을 잘할 수만 있다면야, 유물론자로 사는 것만큼 단순 명쾌하게 편한 입장도 없다. 만물(인간 포함)의 영혼을 무시하니, 영혼이 없다면 사랑과 증오에 고민이 있을 리 없기 때문이다. 하지만 나는 유물론자가 되지 못했다. 이유는 유물론만큼 단순 명쾌하다. 누군가에게서, 무엇에게서, 그리고 나 자신에게서 영혼이 느껴질 때마다 아니라고 거짓말할 자신이 도저히 없기 때문이다. 사실 내가 공산주의자가 되지 못한 까닭도 이와 비슷한데, 인간은 죽음 앞에서 이미 공평하고, 그것보다 더한 삶의 평등이 내게는 부질없고 매력이 없어서였다. 무감각은 무식과 상통한다. 저 회화나무는 정확히 그 반대편에 존재한다. 구원이란 나만의 방법론으로 만들어 가는 실체이자 영적인 결과로서의 물질일진대, 요컨대, 저 회화나무가 정확히 그러하다. 정치적, 사회적, 경제적 복음(福音)을 맹목하는 자들은 다 잠재적 살인자들이다. 물론 진짜 살인자들이 되기도 한다. 우리 가운데 많은 사람들이 미필적고의에 의한 차도살인자(借刀殺人者)들인 것처럼. 다만 나는 '시적(poetic) 복음'을 학수고대하는 이들의 영혼을 신뢰한다. 깨어 있는 영혼은 감동의 잎사귀와 신비의 꽃을 피워 낸다. 매일매일 살아도 죽어 있는 우리를 진정으로 살아 있게 해 준다. 저 회화나무는 우리가 잃어버린 것들에 대해 말해 주고 있다. 괴테의 『파우스트』에는 이런 대목이 있다.

> **여보게, 이론이란 모두 회색빛일세. 푸른 건 생명의 황금나무지.**[2]

2) 괴테, 정서웅 옮김, 『파우스트 1』(민음사, 1999), 134쪽.

조금은 얄궂게도 주인공 파우스트가 아니라 악마 메피스토펠레스의 입을 빌려 나온 이 말은, 헤겔과 레닌에게 복창되어 내 기억에 새겨졌다. 권력적 복음에 집착했던 위인들이 저런 구절을 좋아했다는 게 아이러니하다. 원래 인간에게는 그런 면이 있나 보다.

3 ______________

6·25전쟁 직전 이북에서 인민재판 끝에 총살을 기다리는 줄에 서게 된 스무 살 여인이 있었다. 정신이 혼미했는데, 어떤 손 하나가 그녀의 손을 잡더니 그 줄 바깥으로 이끌어냈다. 그녀는 곧장 혼자 38선 이남으로 내려와 60년을 더 살다가 죽었다. 그녀가 마지막까지 궁금했던 것은 그 손의 주인이 누구이며 왜 자신을 구원해 줬느냐는 거였다. 그녀는 이 두 가지 질문을 합쳐서 '운명'이라고 불렀다. 인생은 복잡하고 세상과 역사는 뒤죽박죽이다. 나중에 스토리로 정리를 해서 한 권의 책처럼 보일 뿐이다. 인생과 세상과 역사를 칼로 무 베듯 자를 수 있다고 맹신하는 자들이 죄인들 가운데 자기 죄를 모르는 자가 되기 십상이다. 아무튼, 우연과 운명이 뫼비우스의 띠처럼 연결돼 돌아가는 혼돈은 힘이 세고, 모든 생물, 무생물 들은 그 안에서 존재하다가

덧없이 사라진다. 이것만큼 확실한 진실은 어디에도 없다. 그래서 더욱더 살아남아 있다는 사실 자체는 우리의 무식한 무료함이 가리고 있는 '신비'다.

'덕수궁 회화나무'는 지난 250년간 우리의 수도(首都) 한복판에서 우리를 밟고 지나간 온갖 혼돈에 함께 짓밟히면서 살아남았다. 인민재판 총살에서 구원돼 이남으로 혼자 내려왔던 그 외로운 여인도 어쩌면 저 나무 아래 잠시 앉아 있었는지도 모른다. 혼돈과 신비 말고도 우리가 알아야 할 것이 있다. 인간들이 이 세상에서 만나 서로 무너뜨리고 끌어안고 불타오르고 재가 되고 다시 건설하는 동안 저 회화나무 한 그루는 그 힘센 것들 앞에서 가장 고요히 살아남은 당사자이자 우리의 관찰자였다는 사실이다.

인간은 개인이고, 그에게 중요한 것은 그의 사생활이다. 그리고 그 가운데 가장 중요한 것이 신(God)과 그의 사생활이다. 이것이 없는 사람은 영혼을 잃게 된다. 신과 인간 사이의 사생활, 이것이 바로 '고독'이다. 신이라는 게 별건가? 인간을 관찰하는 존재가 신일 것이다. 아니, 신이 아니라 '신적인 역할'일 것이다. 시인은 시가 아니라 시적인 것에서 시를 발견하는 것처럼. 덕수궁 회화나무는 고독을 상실해 버린 우리를 고독하게 지켜 바라보고 있었다.

천상병은 세상 기준에서 일생 불행한 사람이었다. 그런데도 저런 시를 썼다.

호소력이란 무엇인가. 애석하게도 그것은 '병든 것'이다. 저 회화나무는 죽음과 부활이라는, 병듦보다 훨씬 더 강력한 호소력으로 우리에게 '견딤의 메시지'를 전하고 있다. 승리나 극복보다 더 참되고 진실한 말, '견딤'을.

사람이 극도로 어두운 시기를 통과하는 데에는 독한 마음이 필요한지 모르겠으나, 죽은 나무를 부활시키는 꿈속 소년의 오직 맑게 빛나는 마음만으로, 지금 우리의 이 도시에 저 문학의 기적 같은 나무 한 그루가 우리의 고요한 희망이 되어 여전히 우리를 지켜보고 있음을 기념하며, 천상병의 「나무」를 흉내 내 시 한 편을 적어 보낸다.

나무

나는 파도 없는 바다 같은 공동묘지 언덕 위에
홀로 서 있다. 비바람과
눈보라가 있고
햇살이 비추는 고요와 멀리서
들려오는 포성이 있다.
사랑하는 이가 없어도 노래를 알고
죽음이 어려워도 삶을 이해한다.
자신의 자리에서 세상을 지키는 새로운 나날.
영혼의 고통이 육체인 나는
불꽃을 위한 장작이 아니다.
파도 없는 바다 같은 공동묘지 언덕 위에
홀로 서 있을 뿐이다.

1부

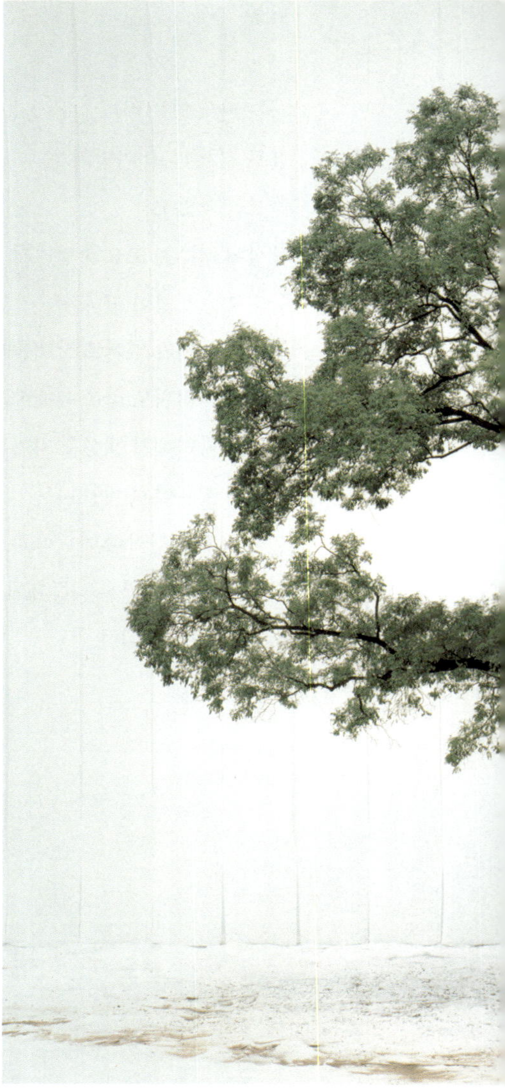

나무와 예술

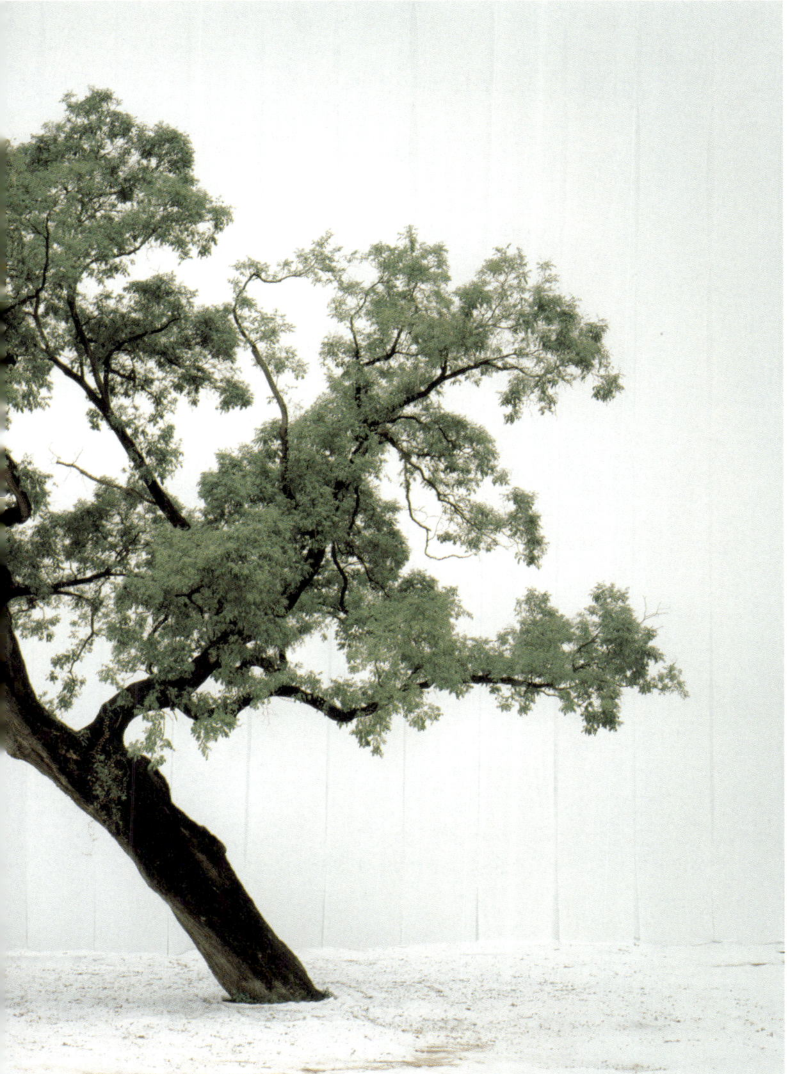

Heritage #7_2

회화나무, 덕수궁…*

이명호 사진가

* 전시 기간: 2024년 8월 1일~31일
전시 장소: 덕수궁 선원전 터 조선저축은행 중역사택

'점선면체'의 개념처럼, '수직적 시선: 신(왕/과거)의 시선'과 '수평적 시선: 인(민/현재)의 시선'이 교차하며 입체적 시선이 완성되듯, 과거와 현재를 보고 미래를 그린다는 개념이 본 전시의 기본 틀이다. 이 터가 조성되기도 훨씬 전부터 한결같이 그 자리를 지키던 회화나무는 유독 부침이 심했던 우리 근현대사를 제 자리에서 묵묵히 지켜본 증거다. 이 터에 헤아릴 수 없이 많은 것들이, 일들이 나타나고 사라지는 동안에도 신기하리만치 덩그러니 홀로 남아 그 자리를 지켜 켜켜이 쌓인 역사를 고스란히 품은 회화나무를 통해, 수직적 시선과 수평적 시선이 교차하며 입체적 시선을 완성하듯, 과거와 현재를 보고 미래를 그린다. 역사와 예술은 닮은 꼴이다. 보고도 못(안) 보는 것을 보(이)도록 하는 것이 역사고 예술이다. 마치 프리즘을 통해 빛의 스펙트럼을 보듯, 회화나무를 통해 삶의 스펙트럼을 본다.

— 전시 기획의 말

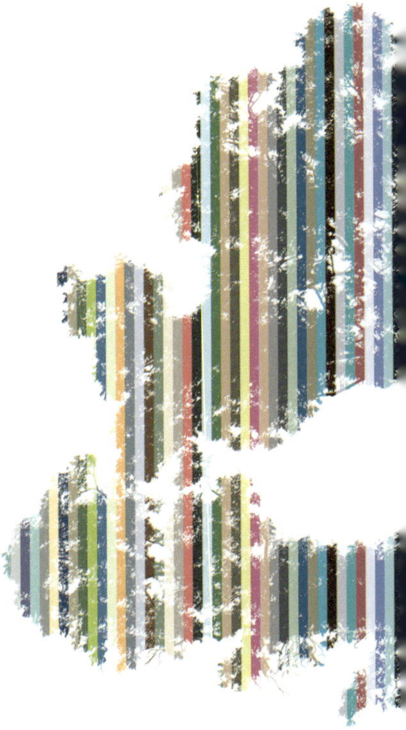

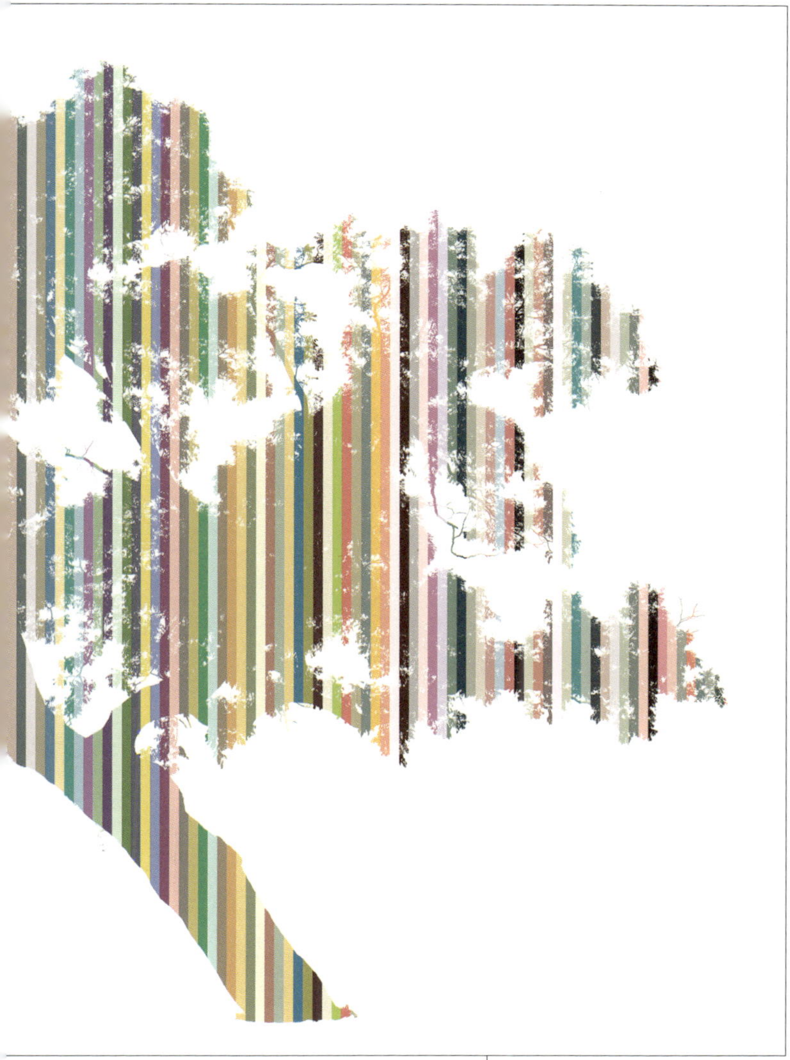

Heritage #7_Poster

덕수궁
회화나무

회화나무, 미처 이름은 몰랐어도 누구나 어디서 봤을 혹은 봤어도 못 봤을 만큼 꽤 흔한 나무. '괴화목'이라고도 하는데, 귀신을 쫓는다는 뜻에서 유래한 이름처럼 상서롭기 그지없다. 지난 수백 년간 유난히 부침이 심했던 우리 역사의 한복판, '덕수궁' 한편을 묵묵히 지켜 온, 그리고 지켜본 회화나무 한 그루. 지금이 있는 건 그 덕일까? 문득 생각도 해 본다. 그 역사를 온몸으로 재연하듯 고사 판정을 받고서 십수 년 만에 부활했다. 덕수궁 회화나무는 할 말이 너무 많아서 아무 말도 하지 않는 듯…… 시월이라도 볕이 따가워 덕수궁 회화나무 그늘 아래서 한참을 물끄러미 바라보던 어느 날 오후.

「덕수궁 회화나무」
37.5687N 126.9739E
2023.7590Y

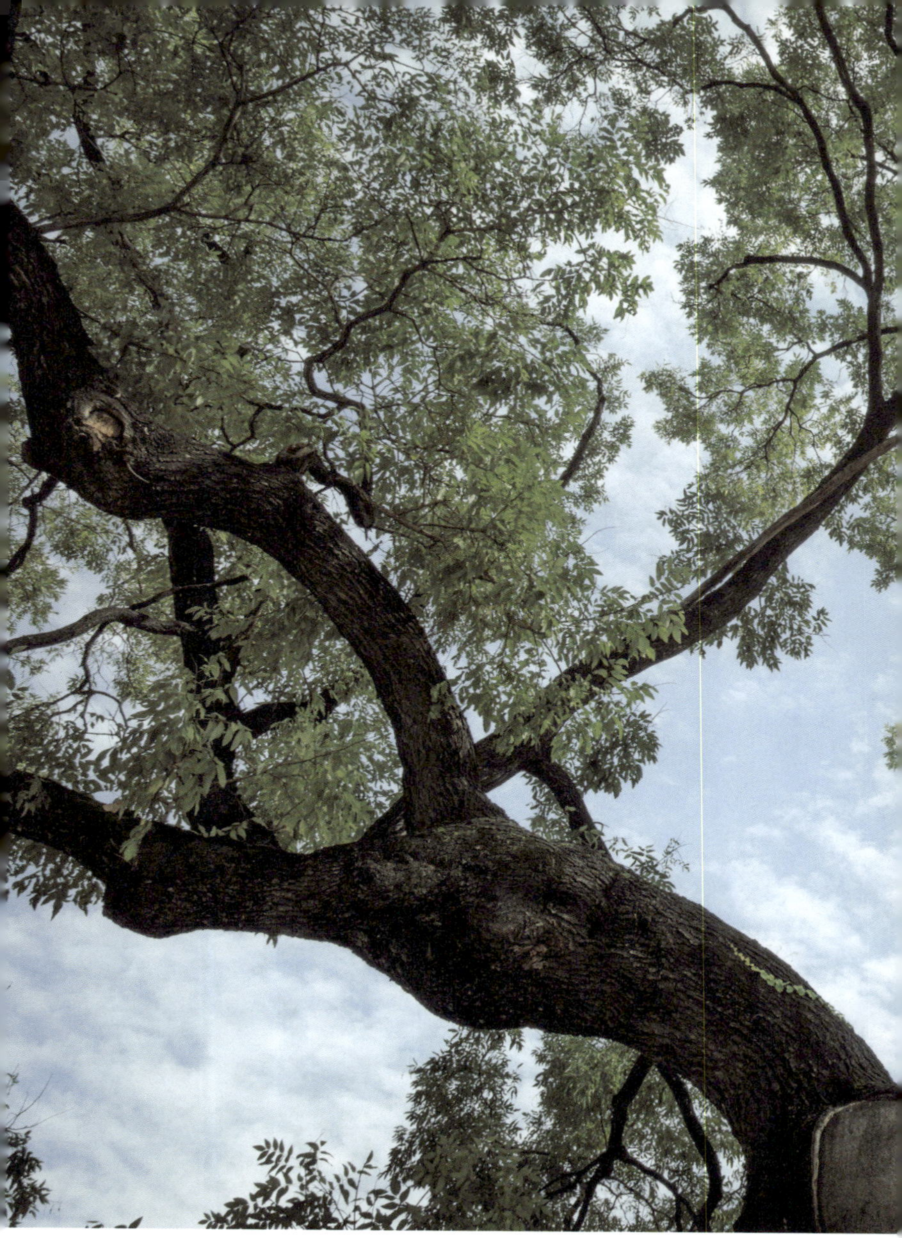

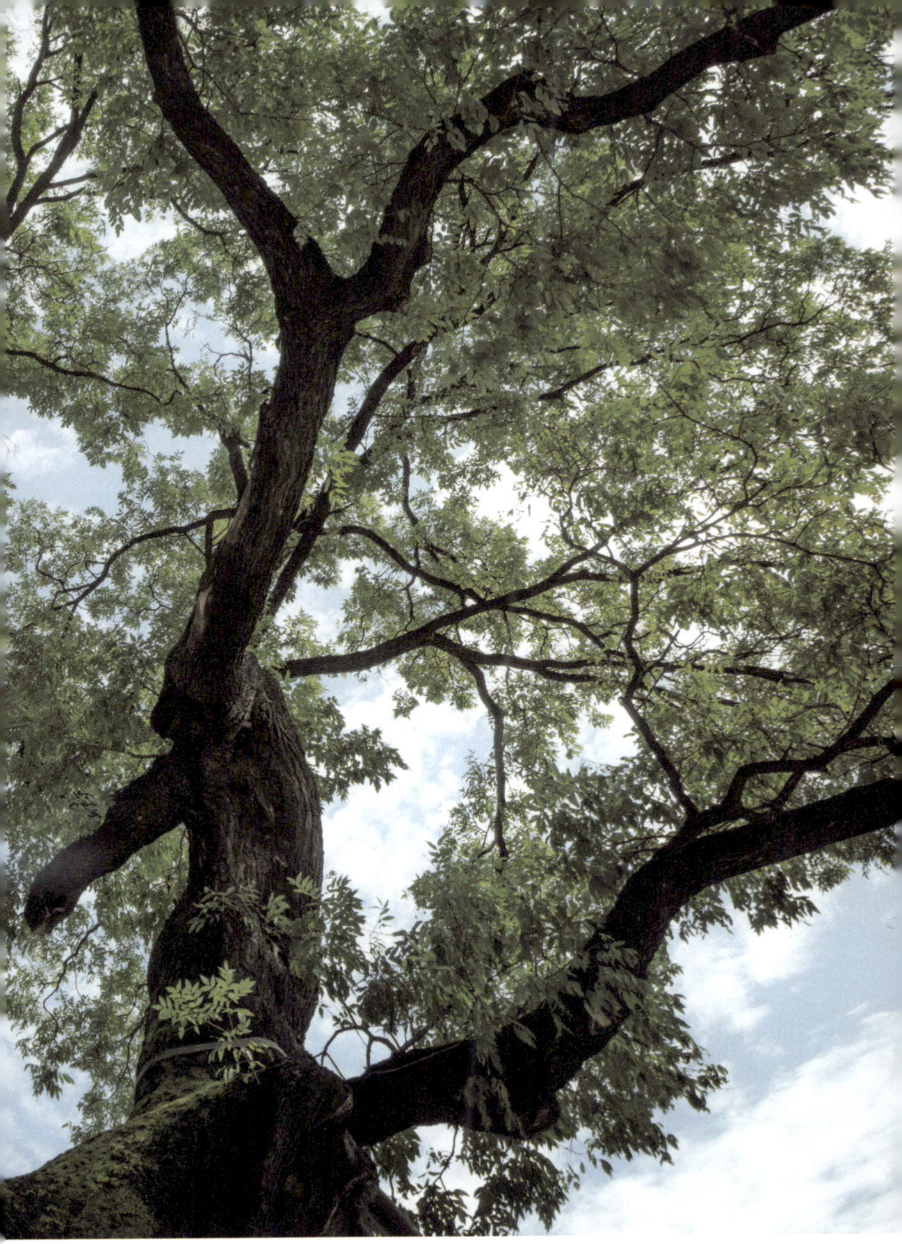

덕수궁 회화나무,
이어지는 생각

작품을 위해 처음으로 현장을 답사하던 날, 경기여자고등학교의 옛 정문으로 들어서던 그 순간을 잊을 수 없다. 큰 회화나무 한 그루가 공터 가운데 덩그러니 서 있던 모습은 실로 전율을 느끼게 했다. 수령이 족히 수백 년쯤 되어 보이는 회화나무는 마치 할 말이 있다는 듯 나를 불러 세웠고, 홀린 듯 멈춰 섰지만, 정작 그 회화나무는 내게 아무 말도 하지 않았다. 그저 왈칵 울었다 다시 활짝 웃었다. 내게 아무 말도 하지 않았지만, 나는 무슨 말을 하려는지 알 수 있었고, 그 회화나무에 얽힌 이야기를 작품에 담기로 했다.

「덕수궁 회화나무, 이어지는 생각」
37.5687N126.9739E
2023.8090Y

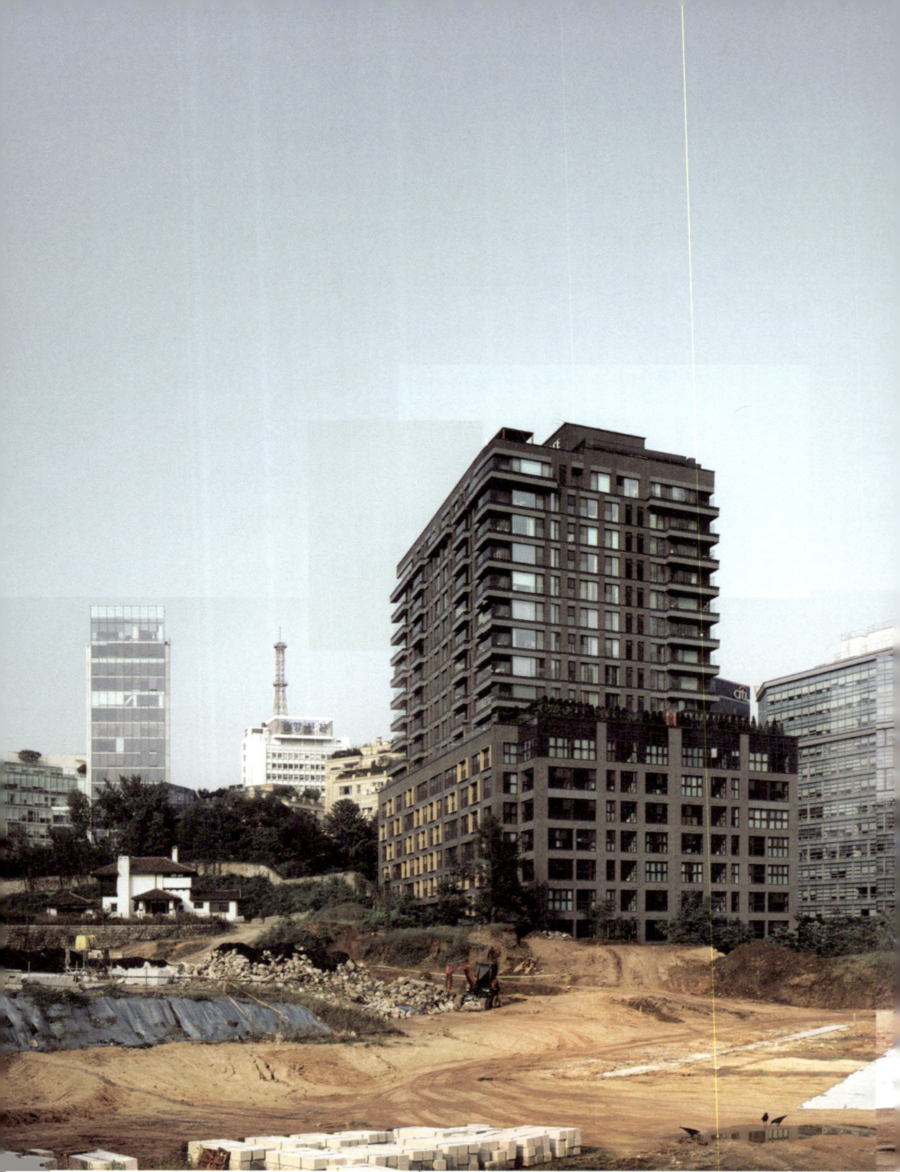

Work View: Heritage #7_Layers

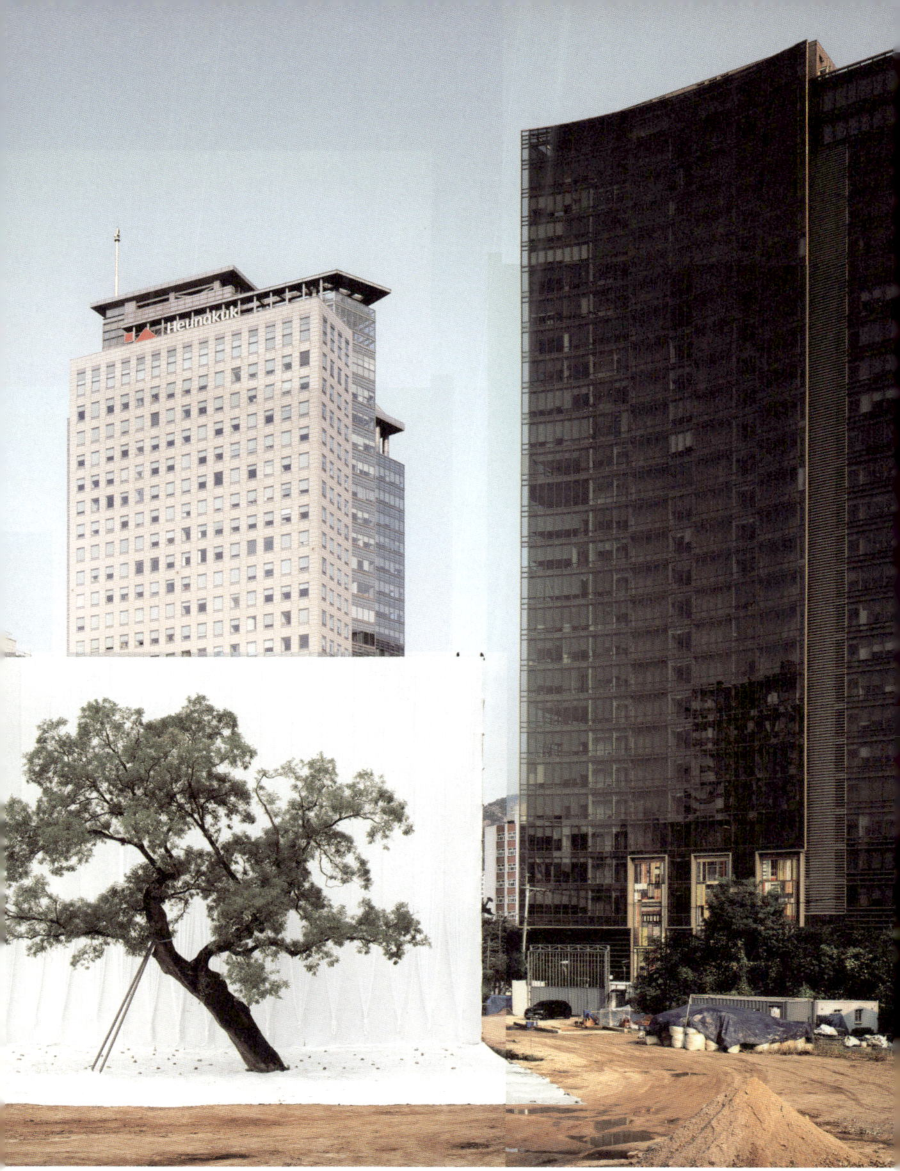
Heungkuk

목공과 석공

한창 작업 중이던 내게 한창 작업 중이던, 목공인지 석공인지 모를 늙은이가 다가와 말을 건넸다. "나는 누가 작품인지 뭔지 한다길래 공사장에서 거치적거리게 저걸 왜 하나 했슈. 그런데 다 되고 보니께 햐…… 나는 무식해서 말로는 못 하것는디 햐…… 나는 못생겨서 누가 사진 찍자고 하면 맨날 도망 다녔는데, 평생 처음으로 이 앞에서 사진 한번 찍고 싶네유. 나 한 장 찍어 줄 수 있슈?" 늙은이는 이내 나무에게로 갔다. 기꺼이 찍어 주고는 "어르신, 이게 예술이네요. 햐…… 말로는 못 하겠는데, 예술입니다. 예술 좀 더 하게 다른 어르신들도 다 모시고 오세요."라며 내가 너스레를 떨자 늙은이는 한바탕 웃고 사라지더니 이내 목공과 석공 한 무리를 몰고 왔다. 공사가 끝나기도 전에 다 죽을 거라는 늙은 목공과 석공, 그리고 늙은 나무를 보는데, 햐…… 예술이더라.

「목공과 석공」
37.5687N126.9739E
2023.8282Y

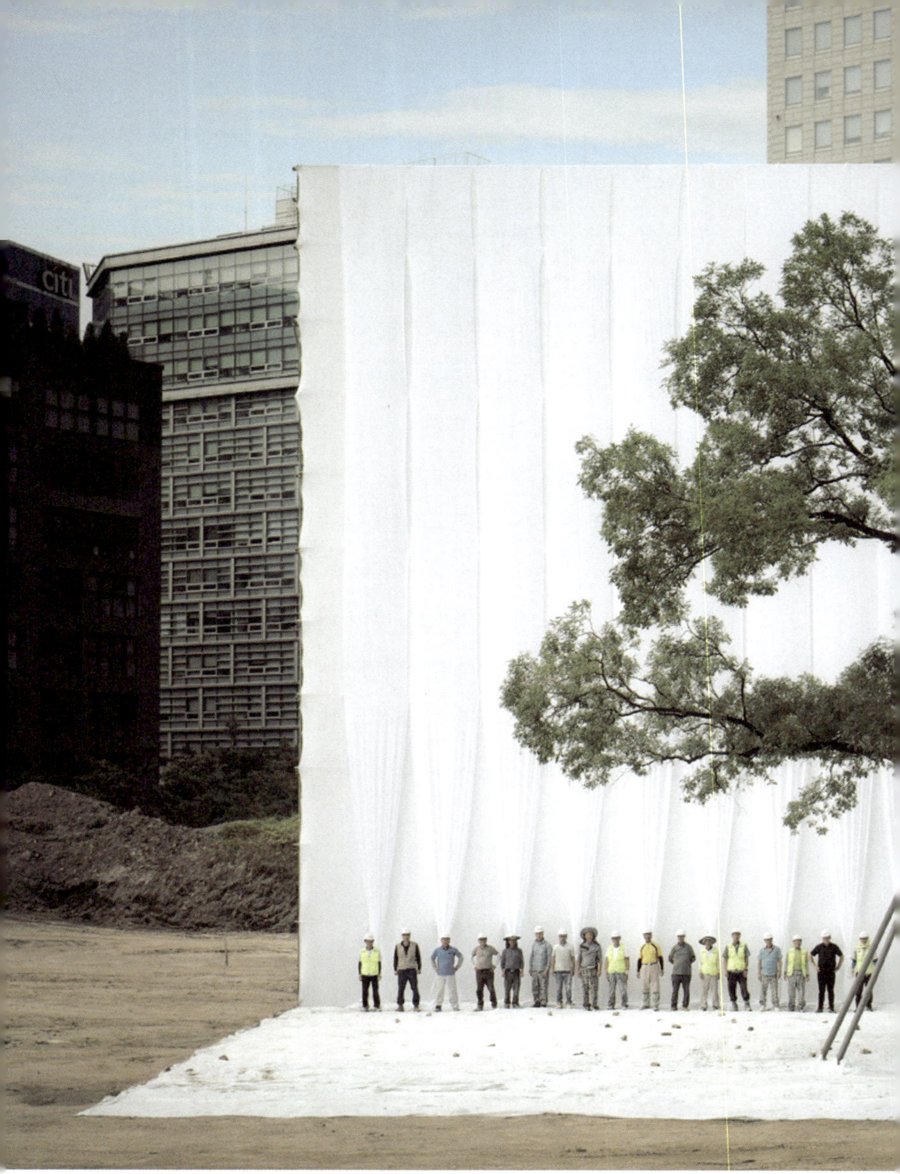
citi

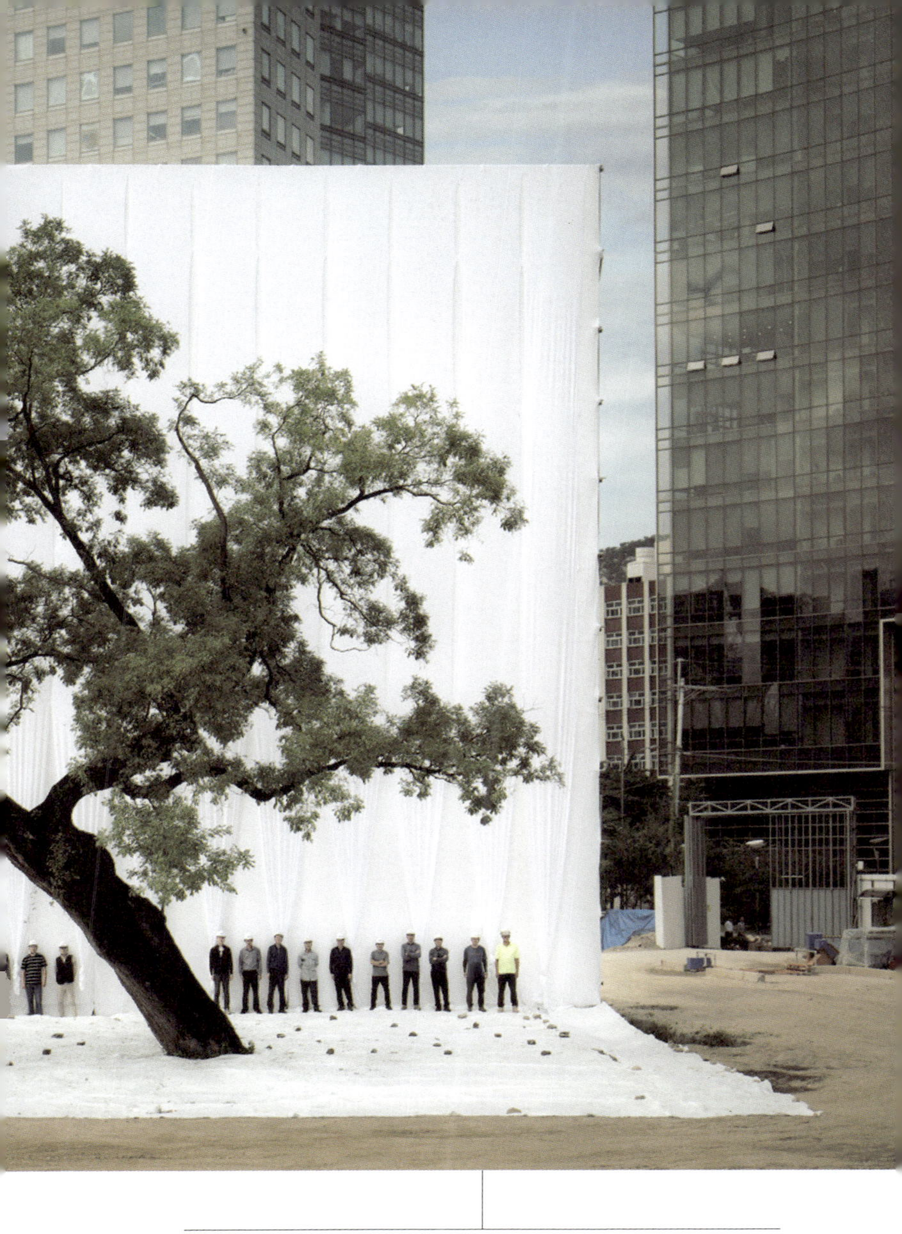

Work View: Heritage #7_Workers

무대와 배우

비계공 아홉이 꼬박 사흘 비계를 쌓는다. 초로의 비계공이 일하는 모습은 일견 위태롭게 보일지라도 발로 비계를 감고 손으로 비계를 매는 맵시가 예사롭지 않다. 회화나무 뒤에 있는 비계와 회화나무 밑에 있는 바닥에 캔버스를 붙인다. 캔버스는 희지만 반투명한데 겹겹이 올리다 보면 어느덧 희고도 불투명한 상태가 된다. 캔버스를 붙이는 내내 캔버스가 마치 살풀이라도 하듯 바람결 따라 (굿판인지 춤판인지) 한판 벌인다. 난장을 마친 캔버스는 어느새 무대가 되고 회화나무는 배우가 되어 이내 또 한 판 공연으로 이어진다. 무대 위 배우 된 회화나무는 하릴없이 지난 세월 켜켜이 쌓인 이야기를 들려주고 나는 하염없이 그것을 바라본다.

「무대와 배우」
37.5687N126.9739E
2023.8189Y

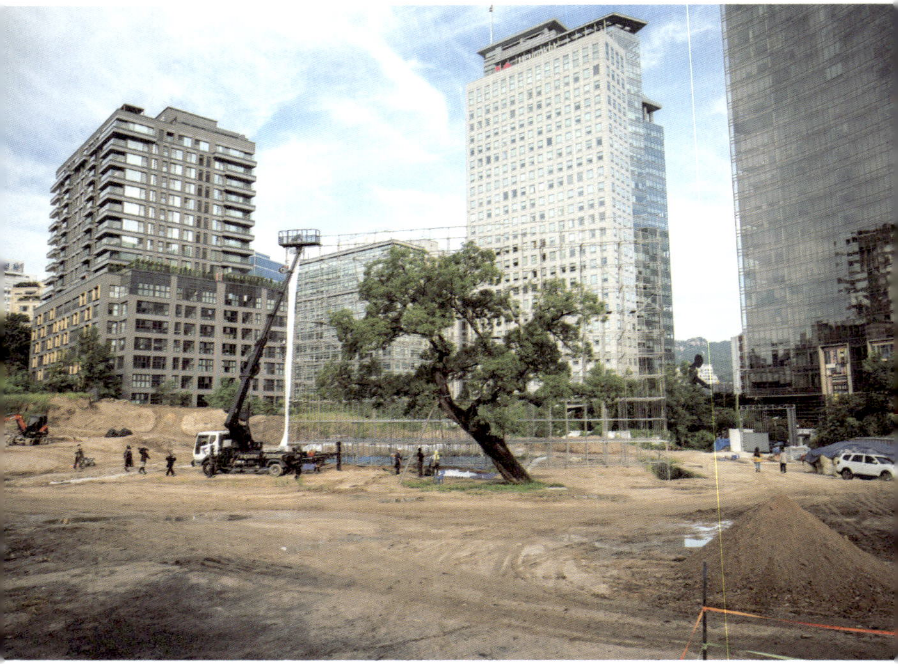

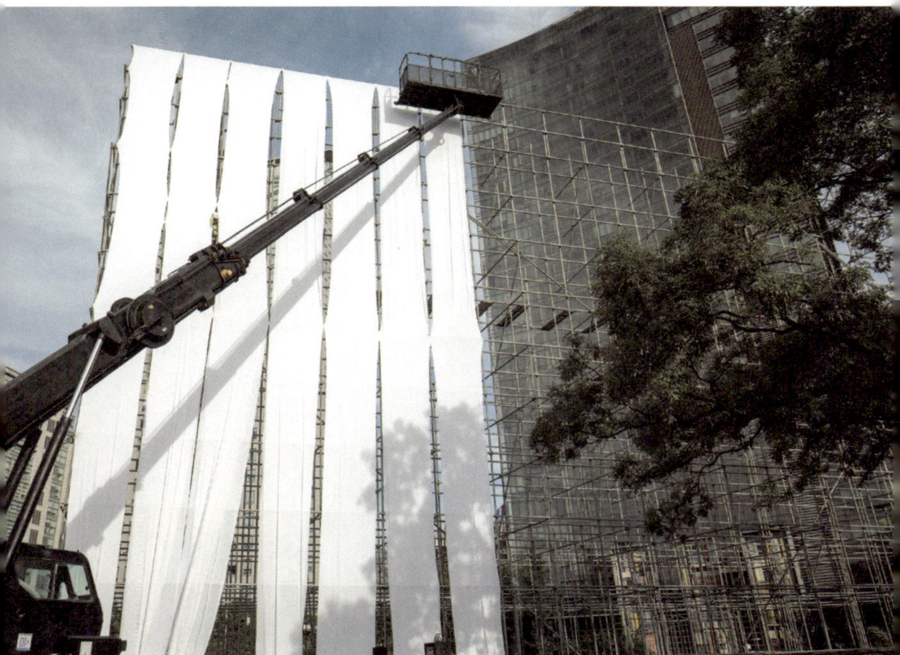

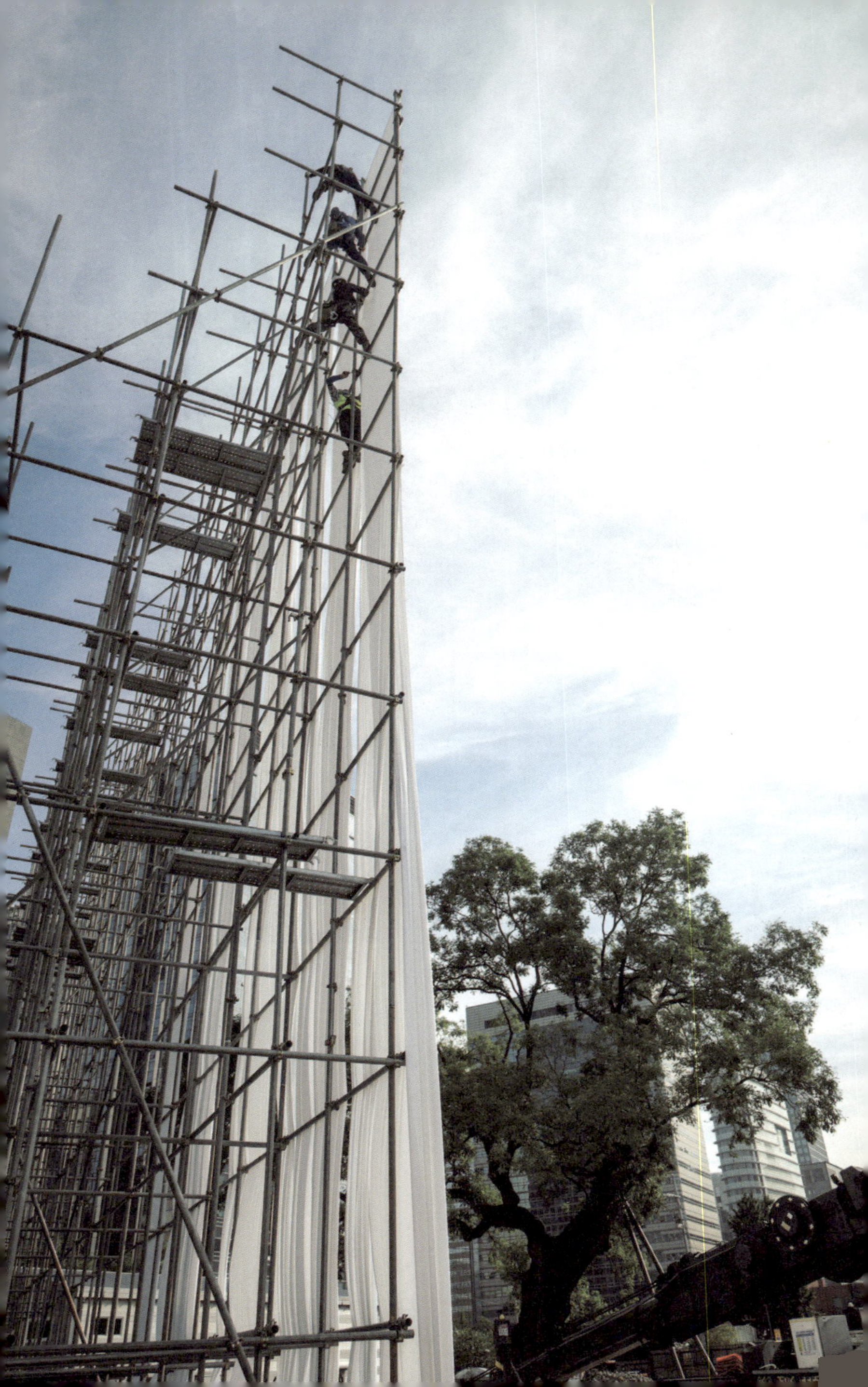

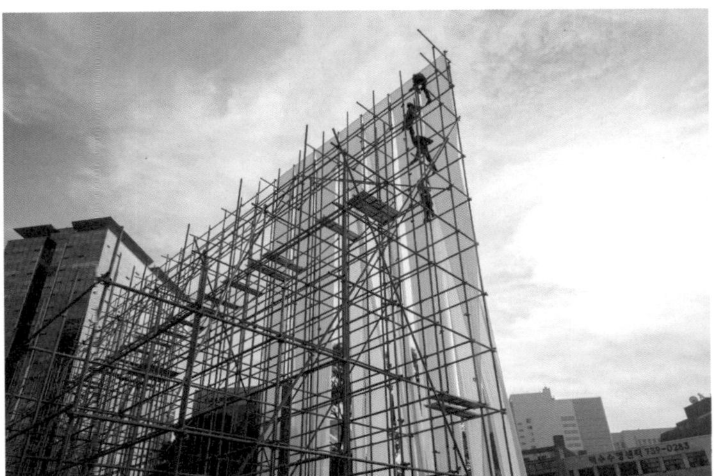
739-0283

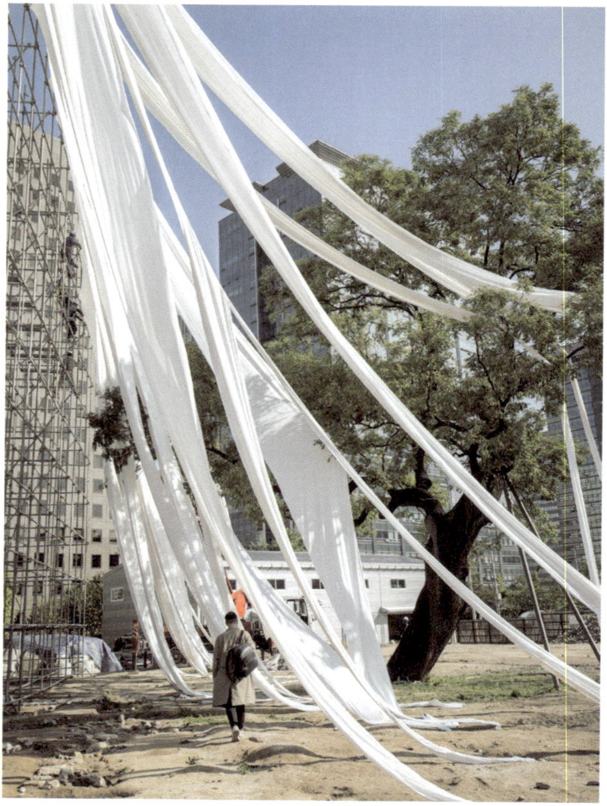

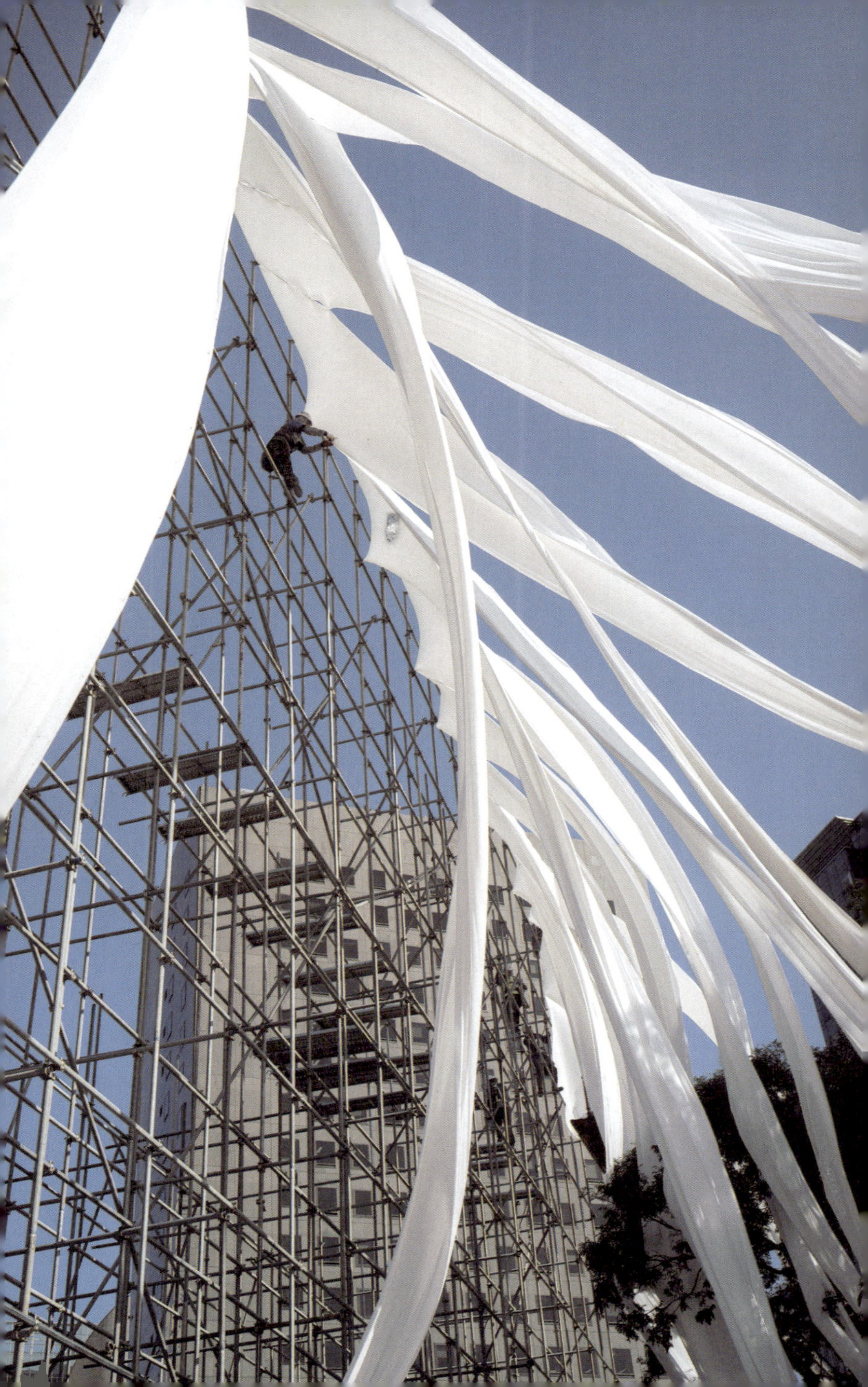

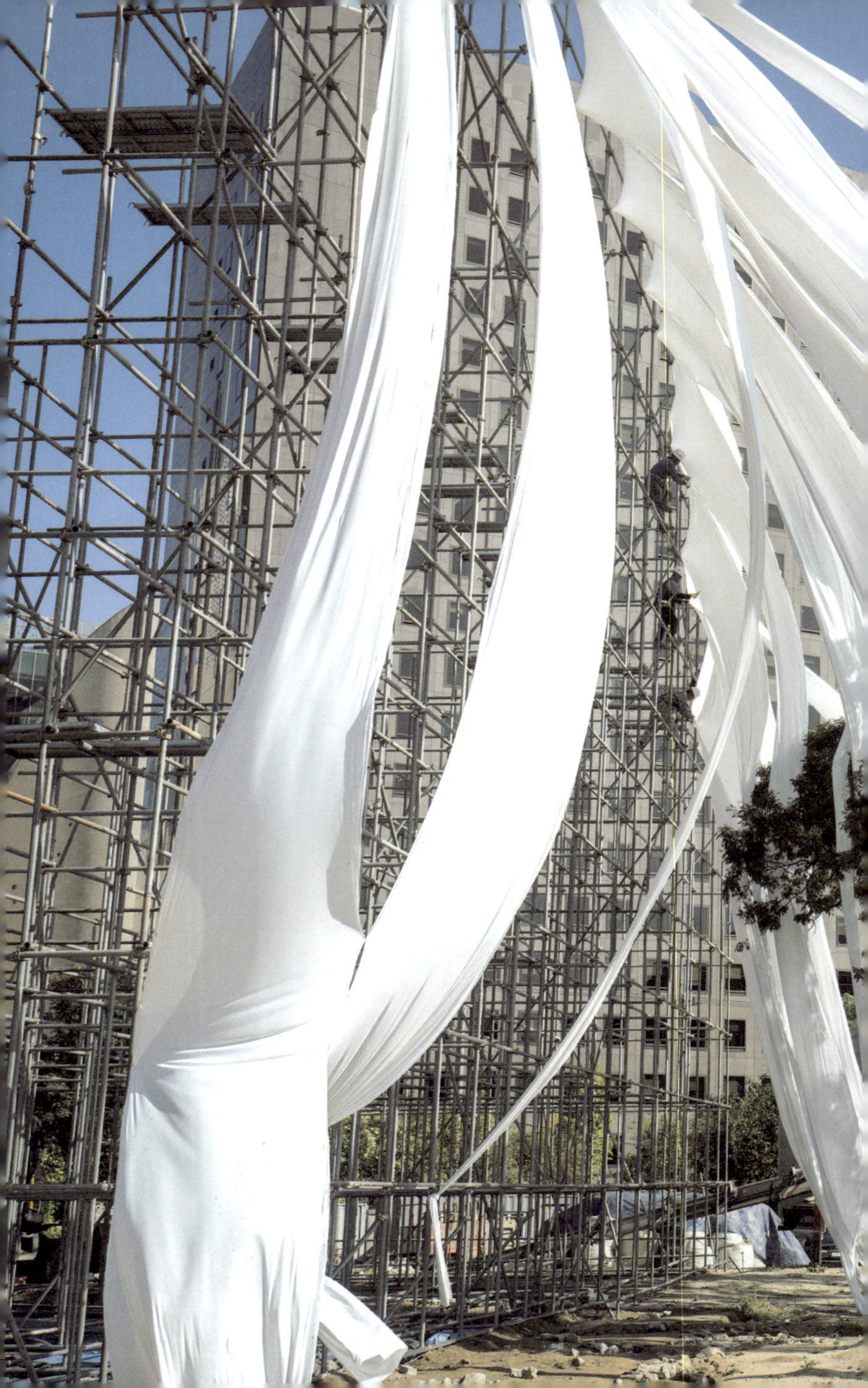

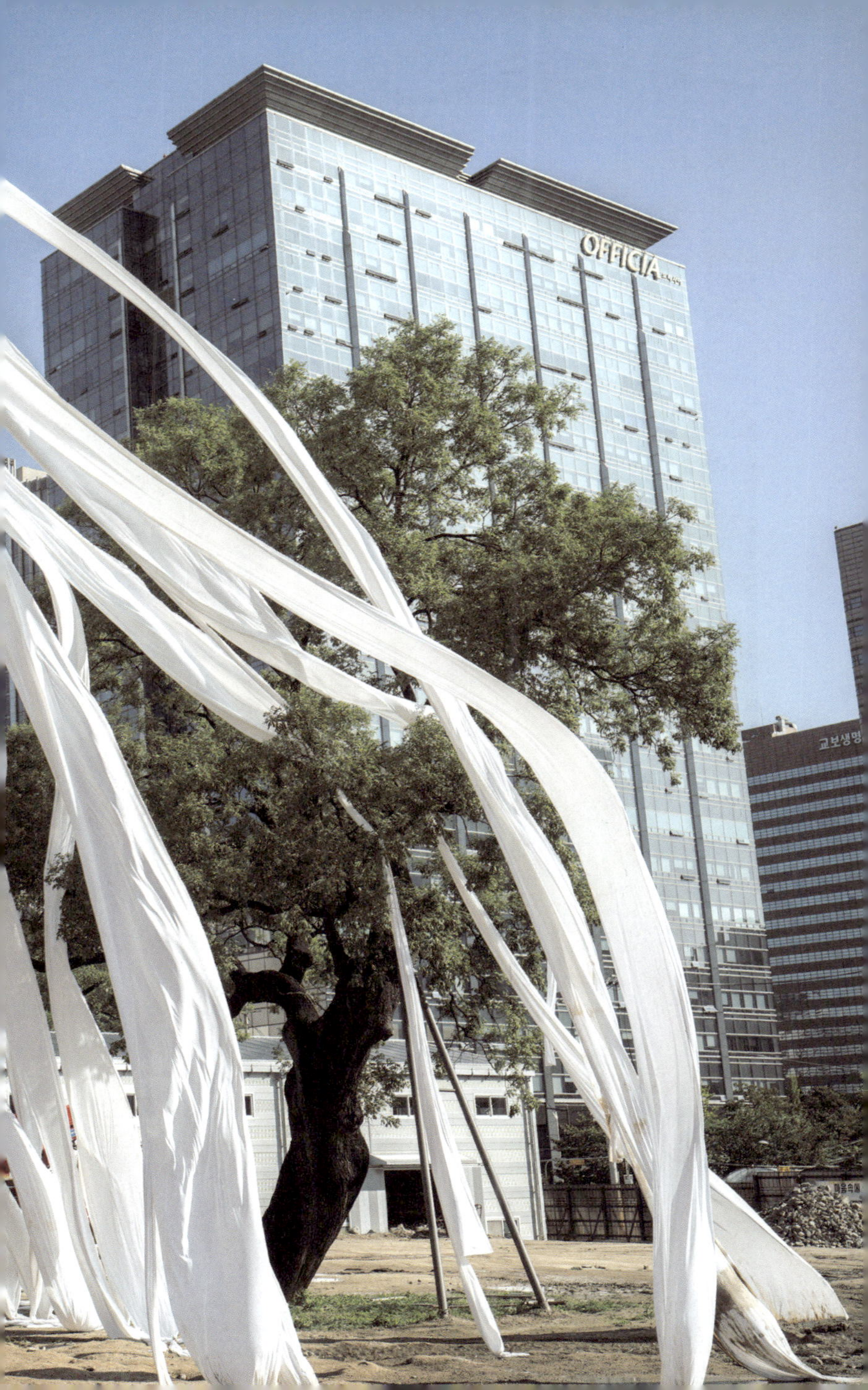
OFFICIA
교보생명

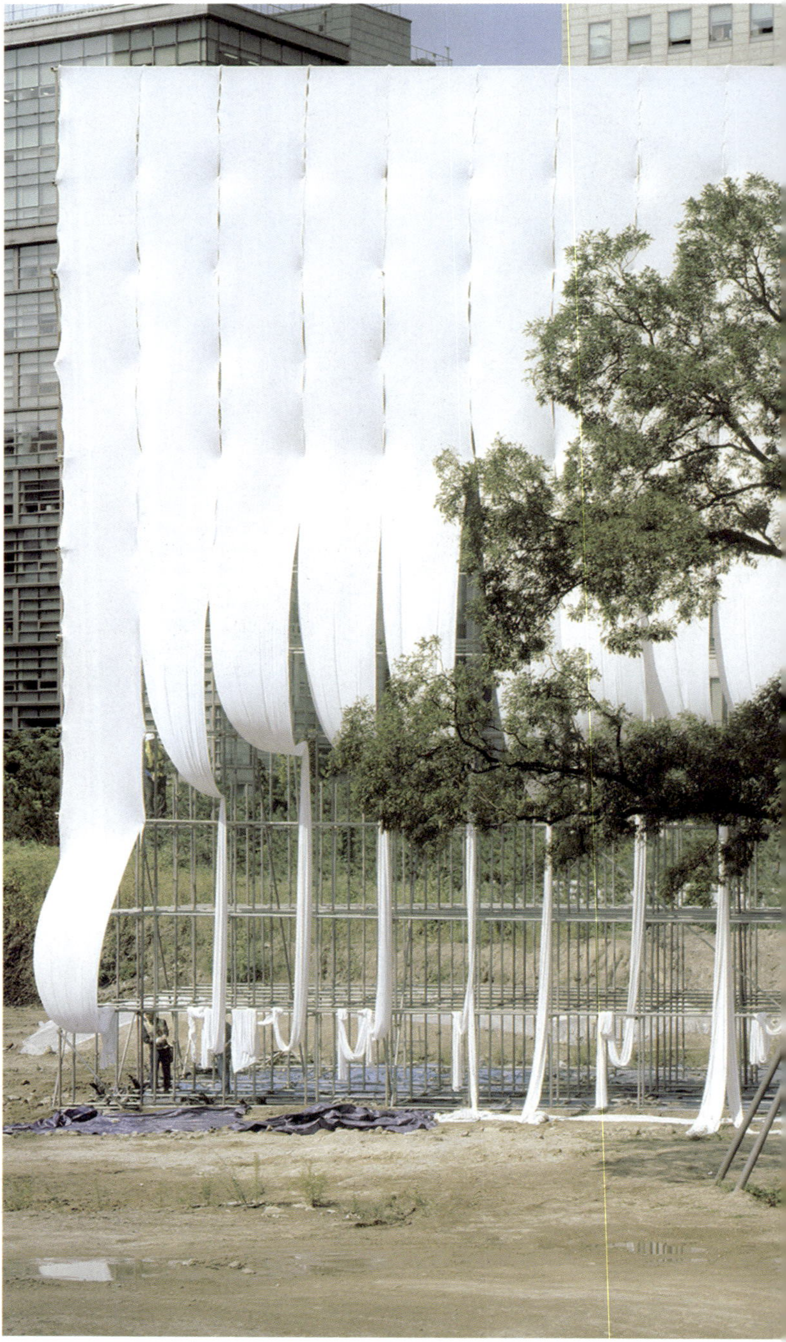

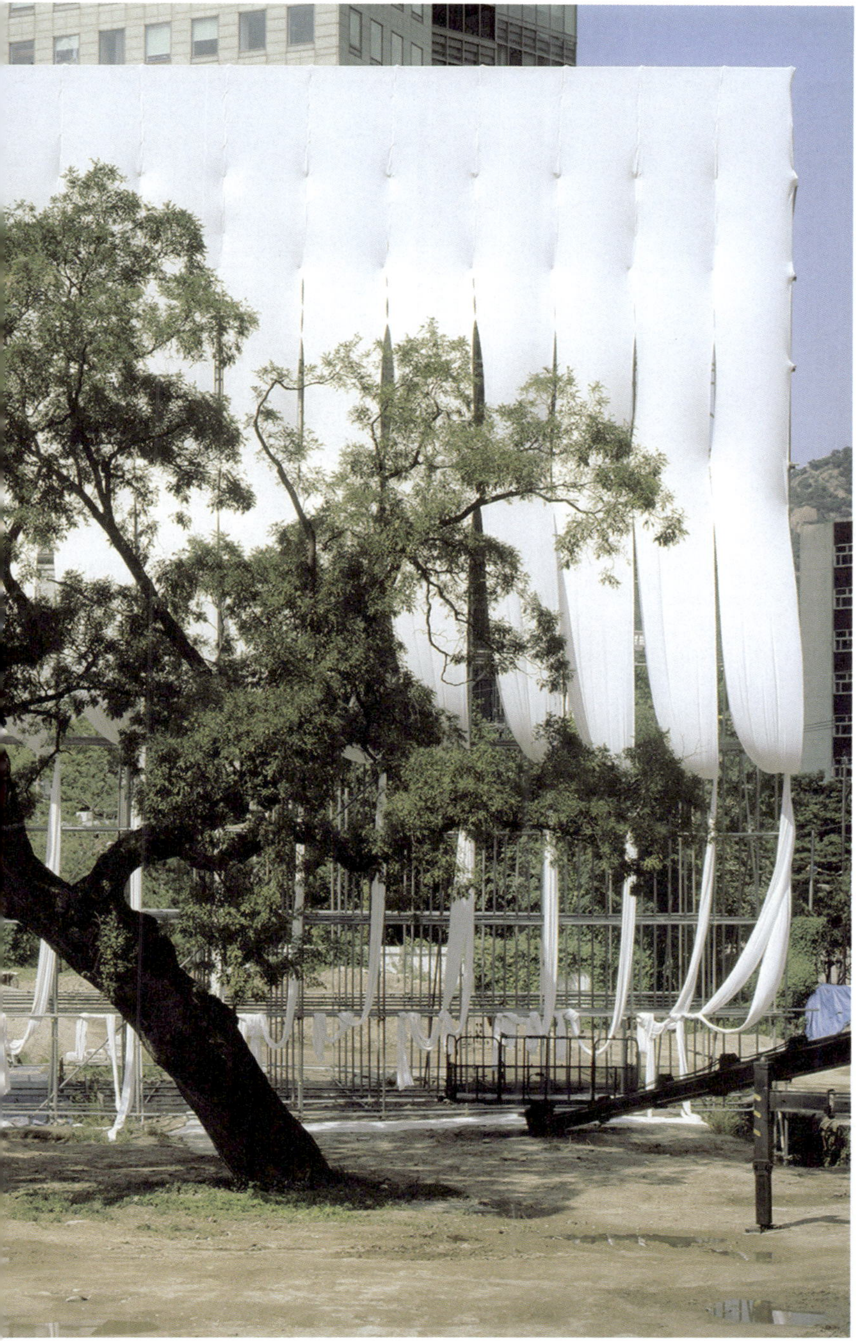

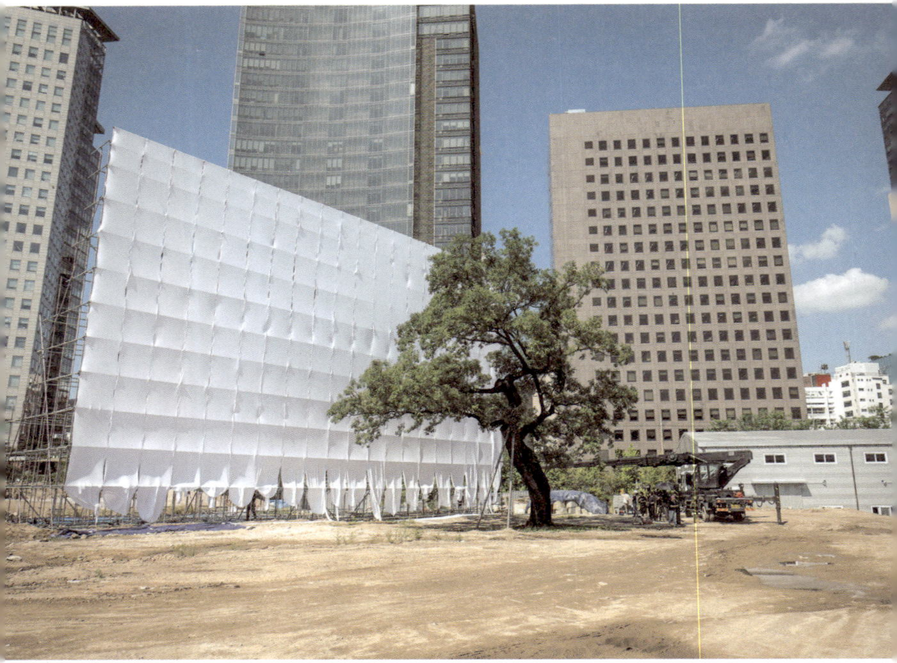

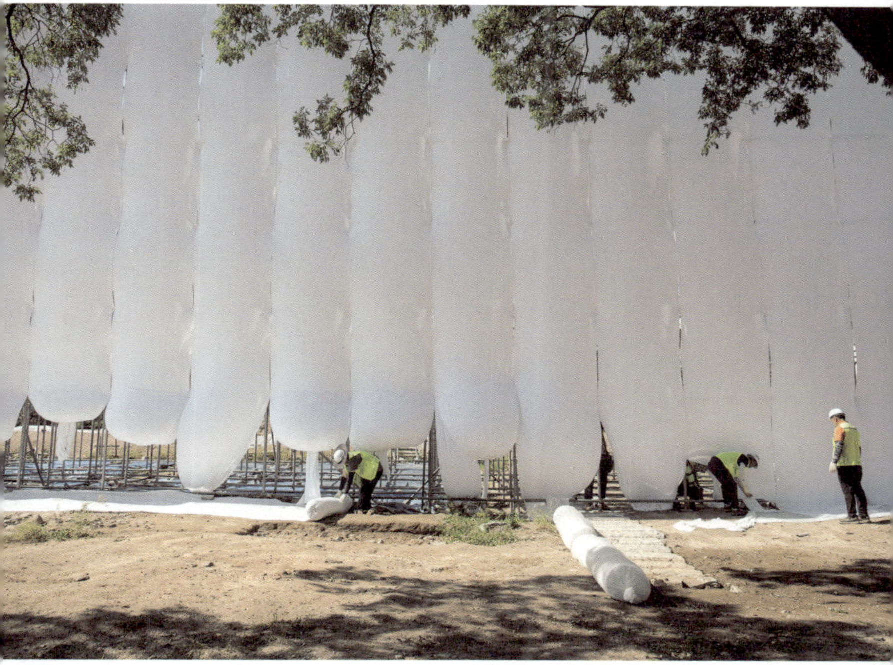

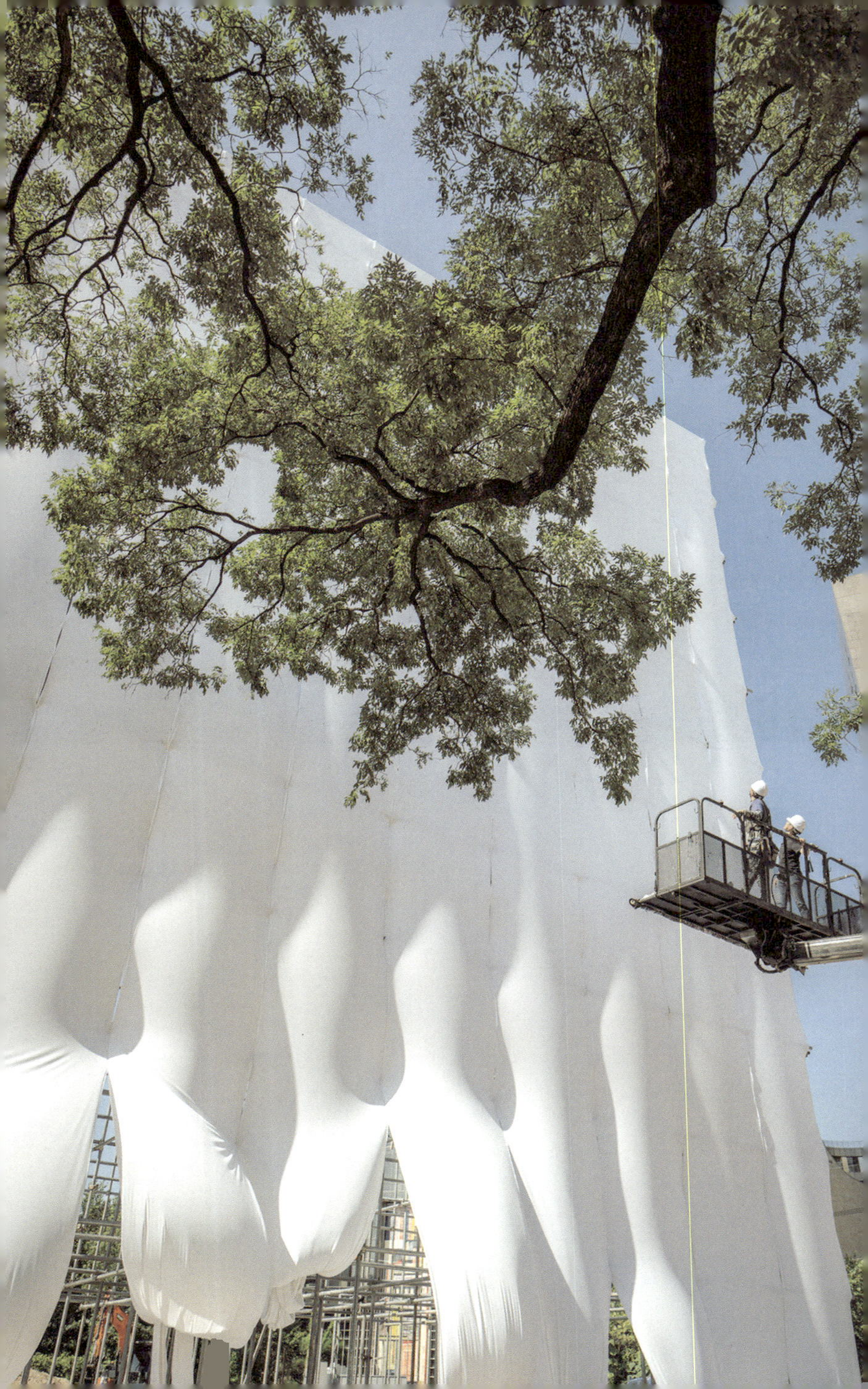

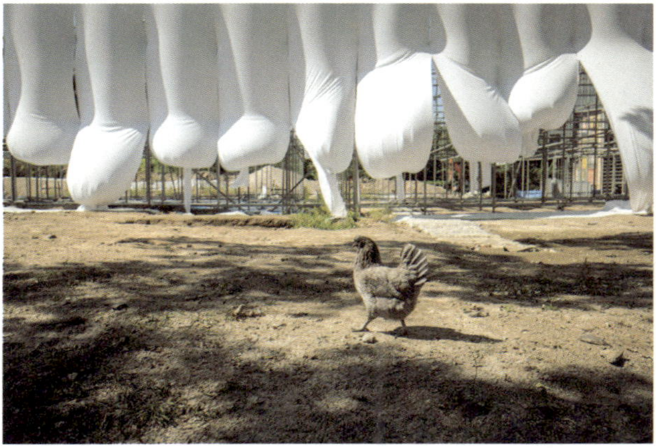

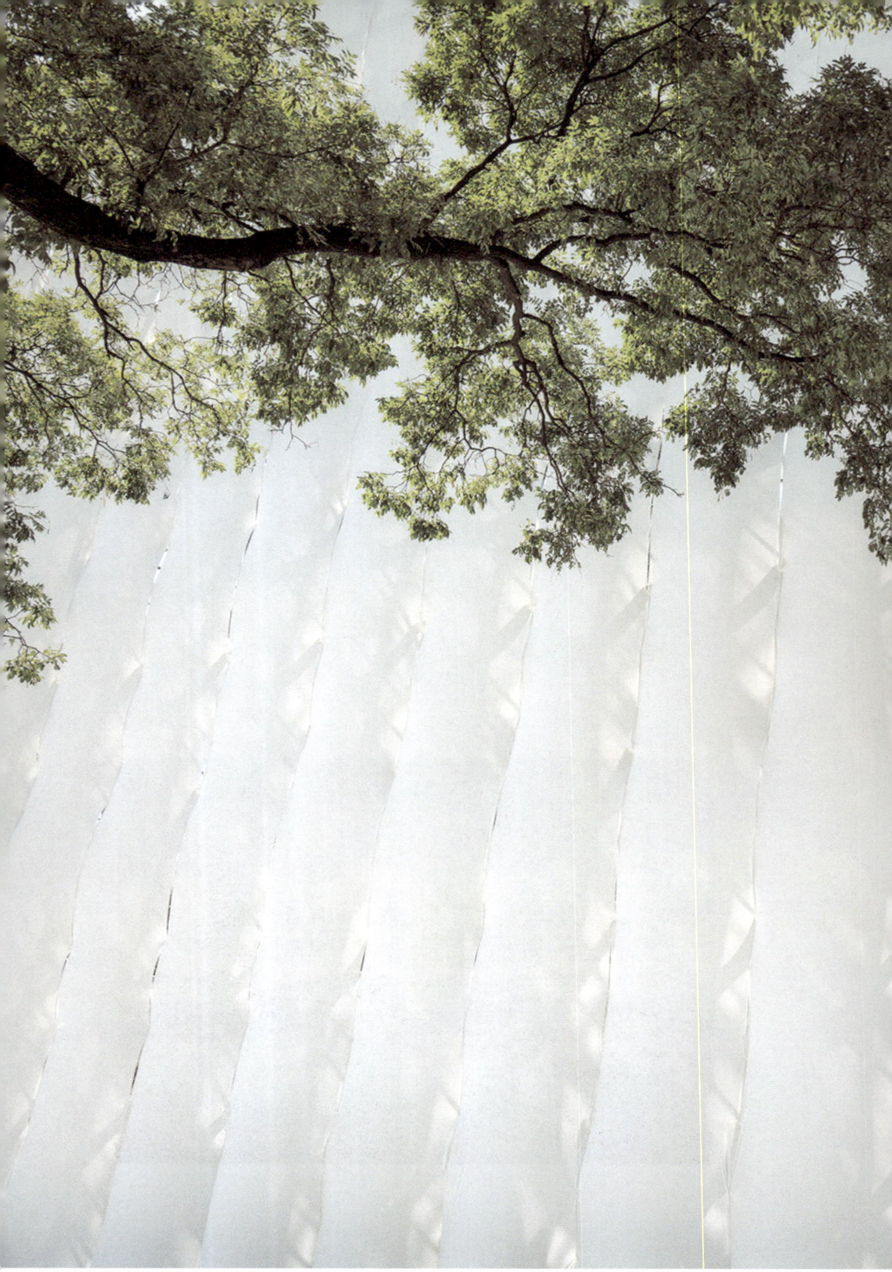

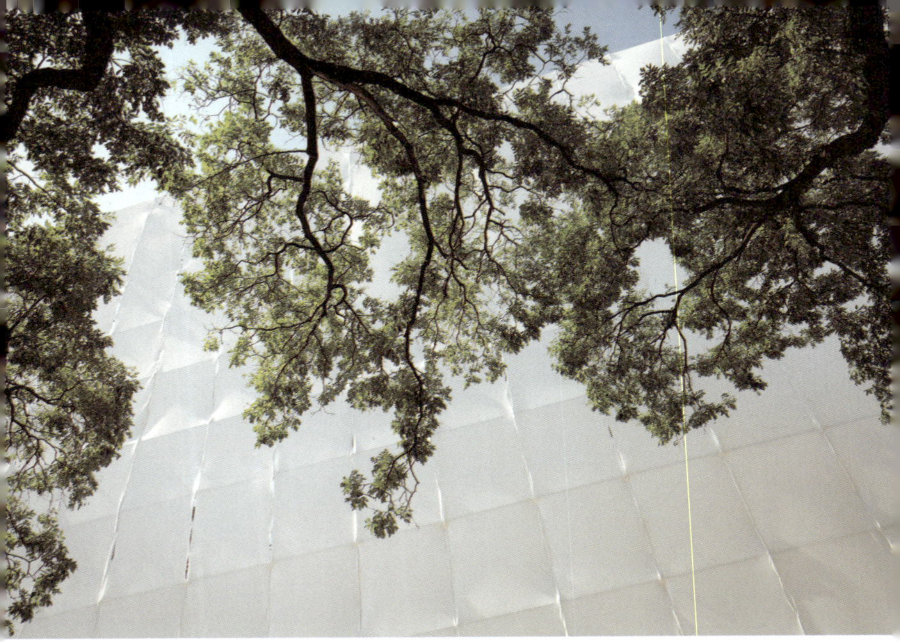

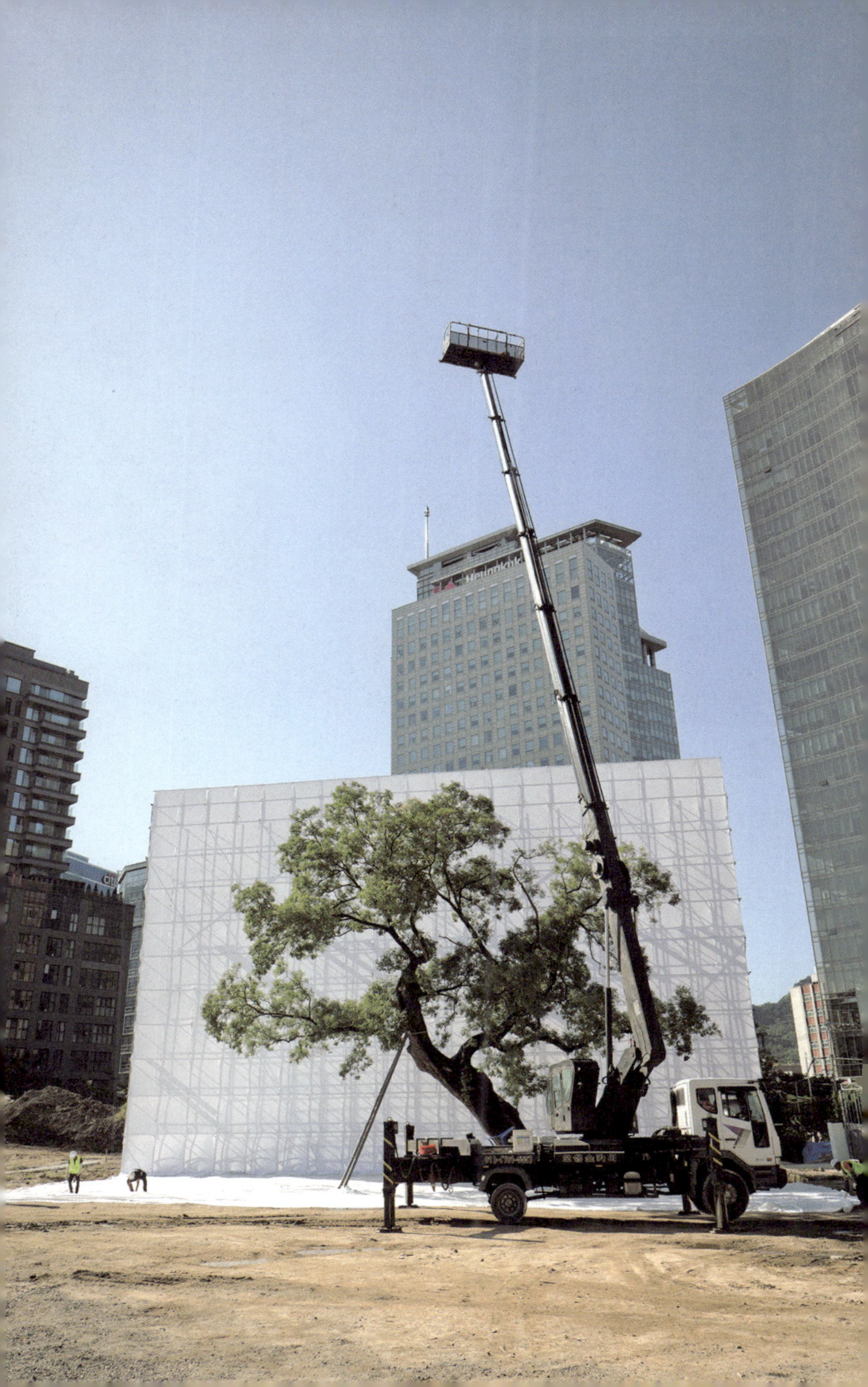

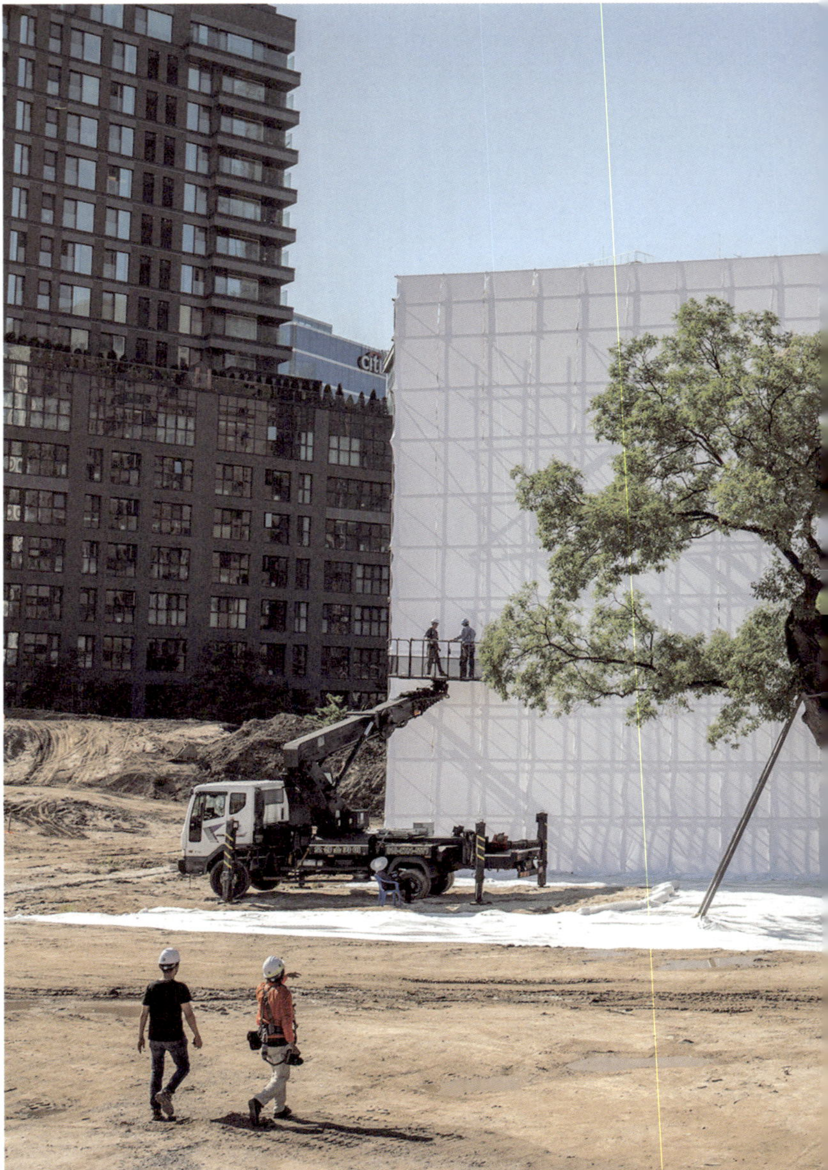
citi

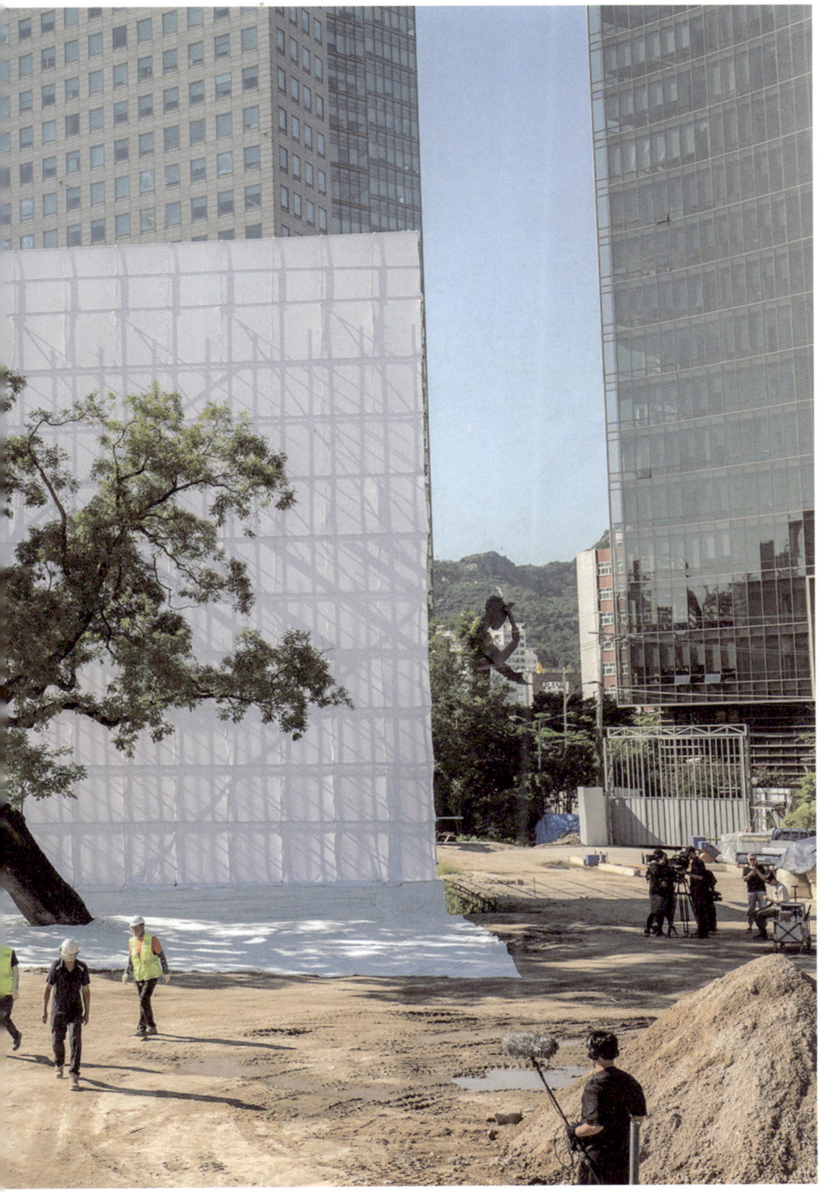

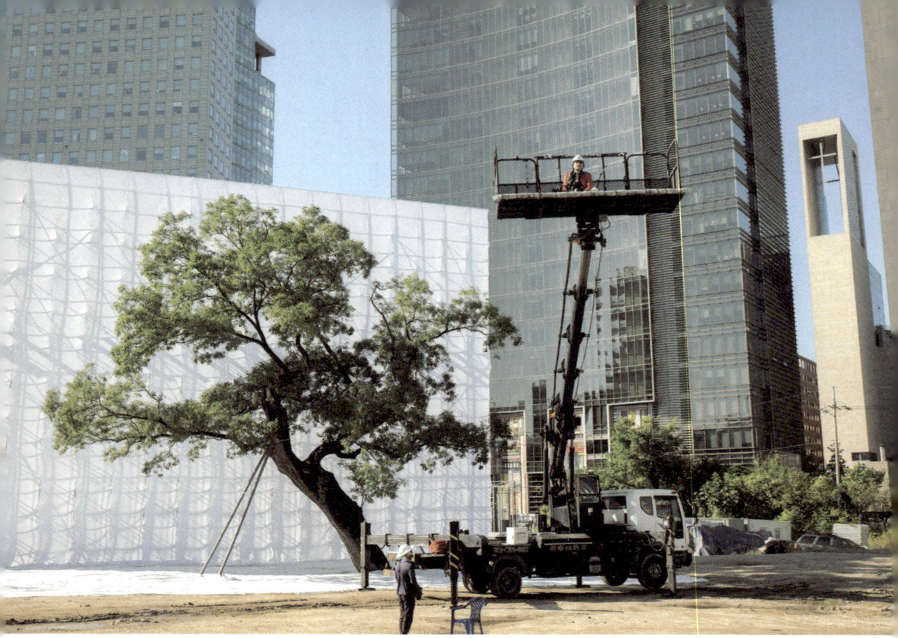

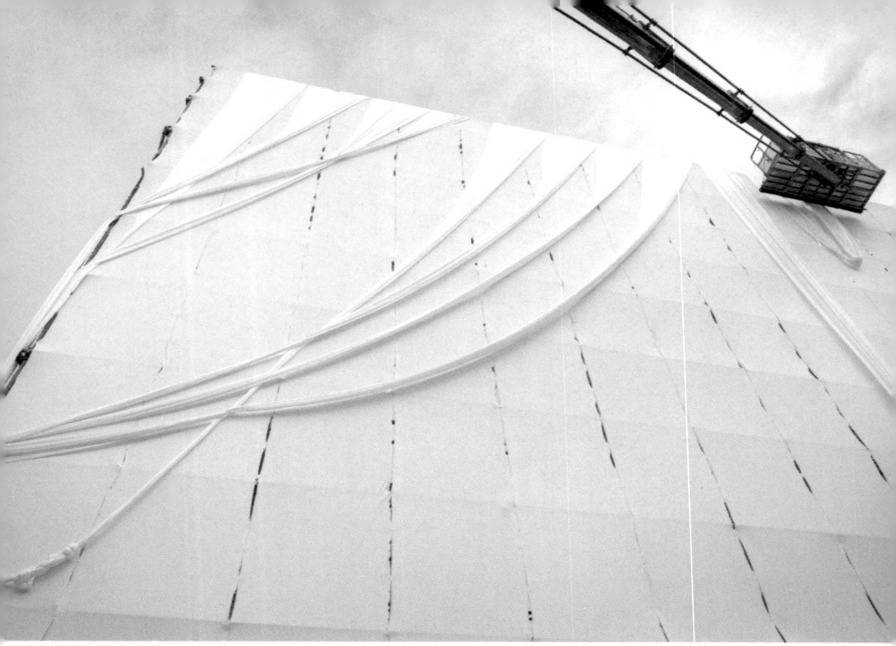

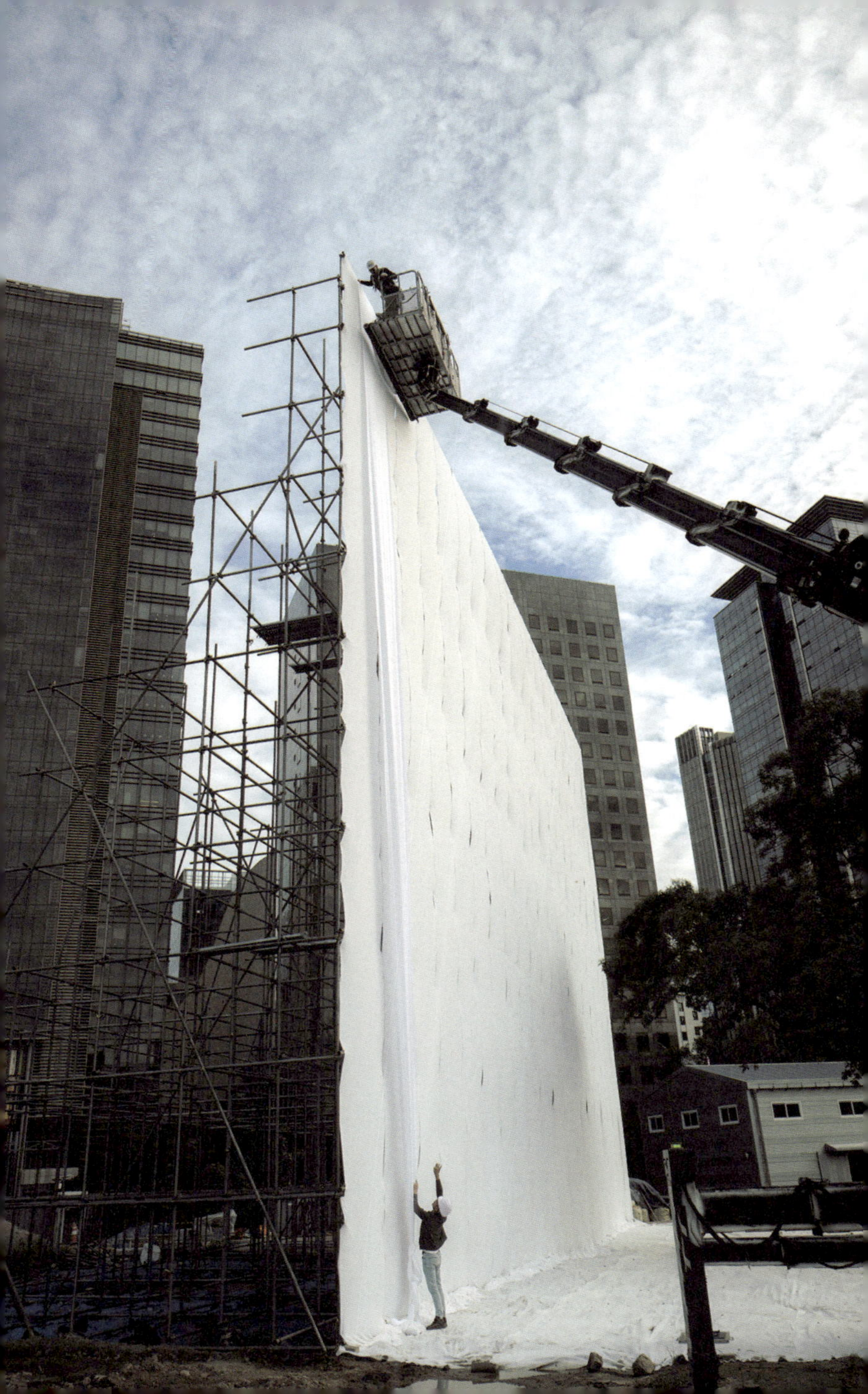

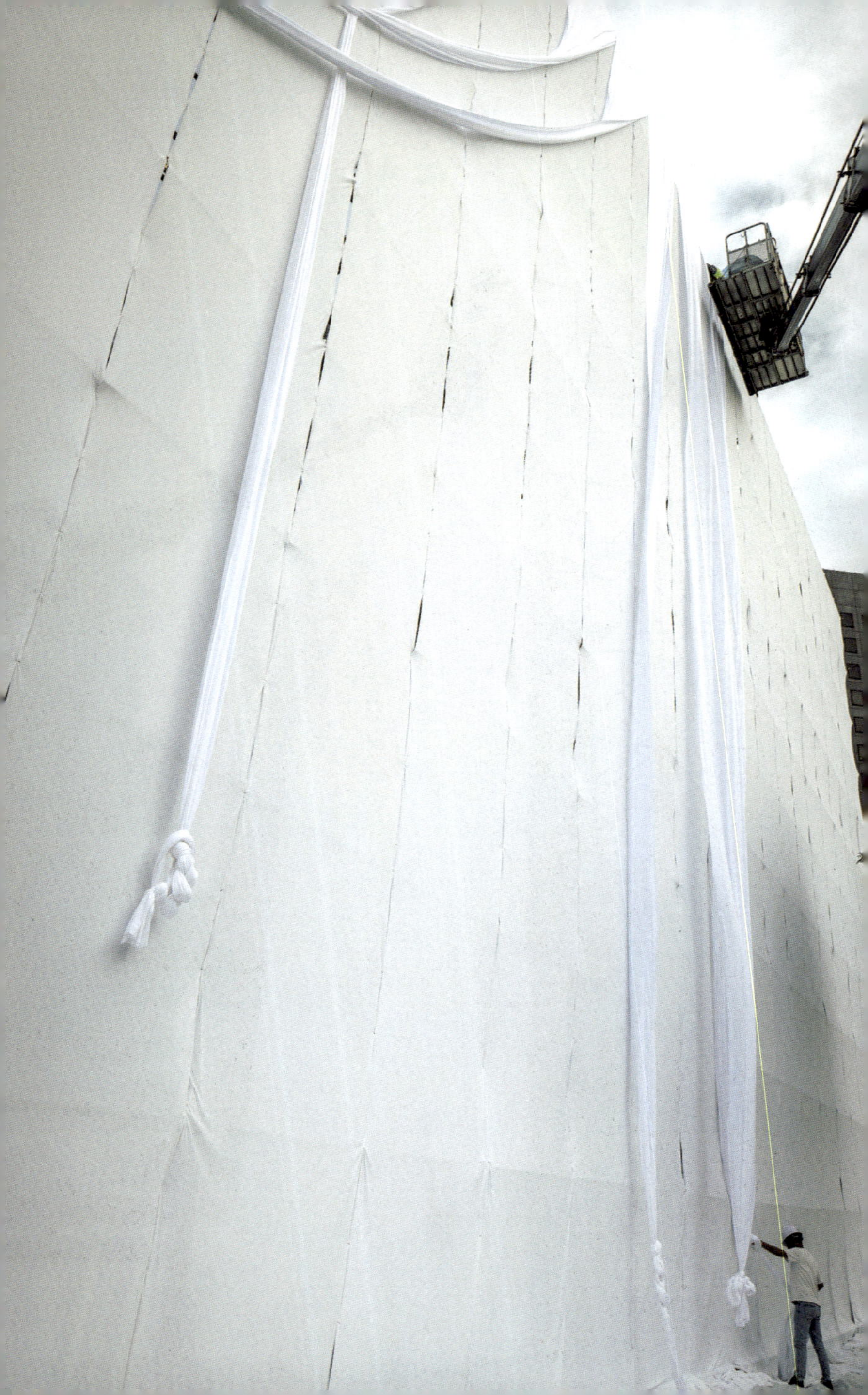

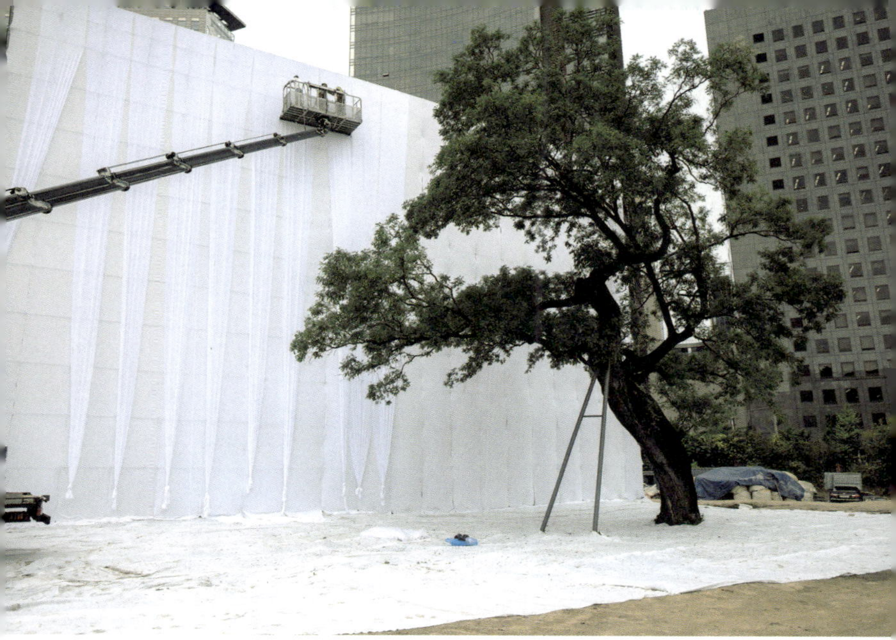

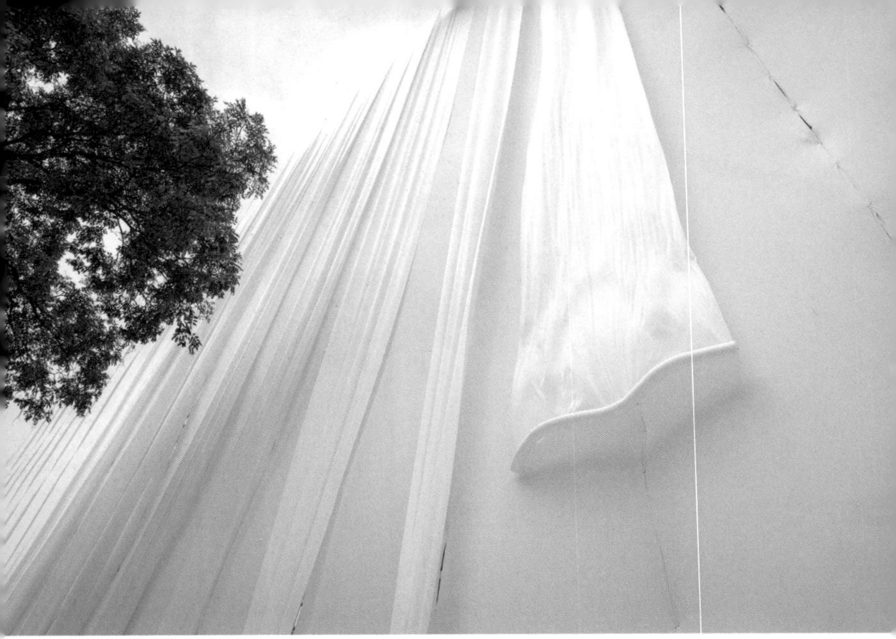

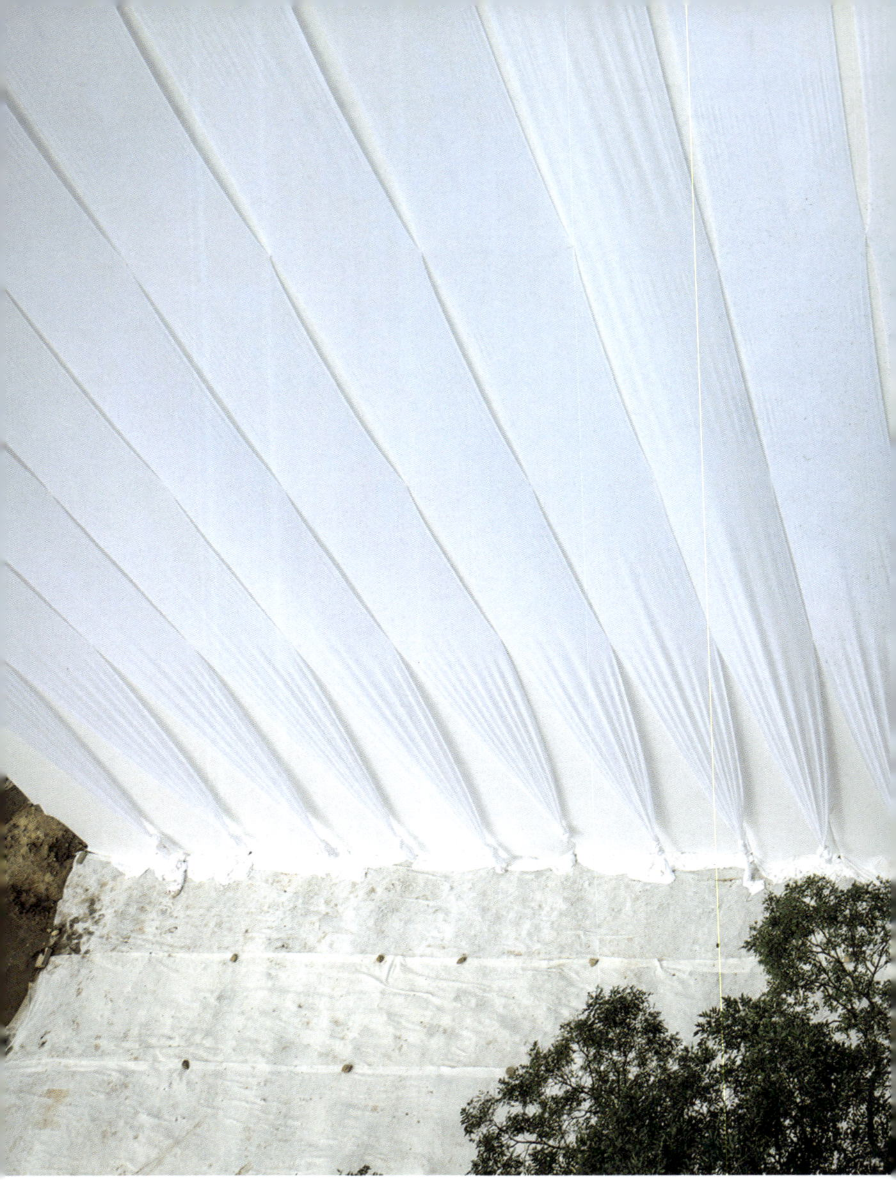

작업 과정 촬영: 조현정

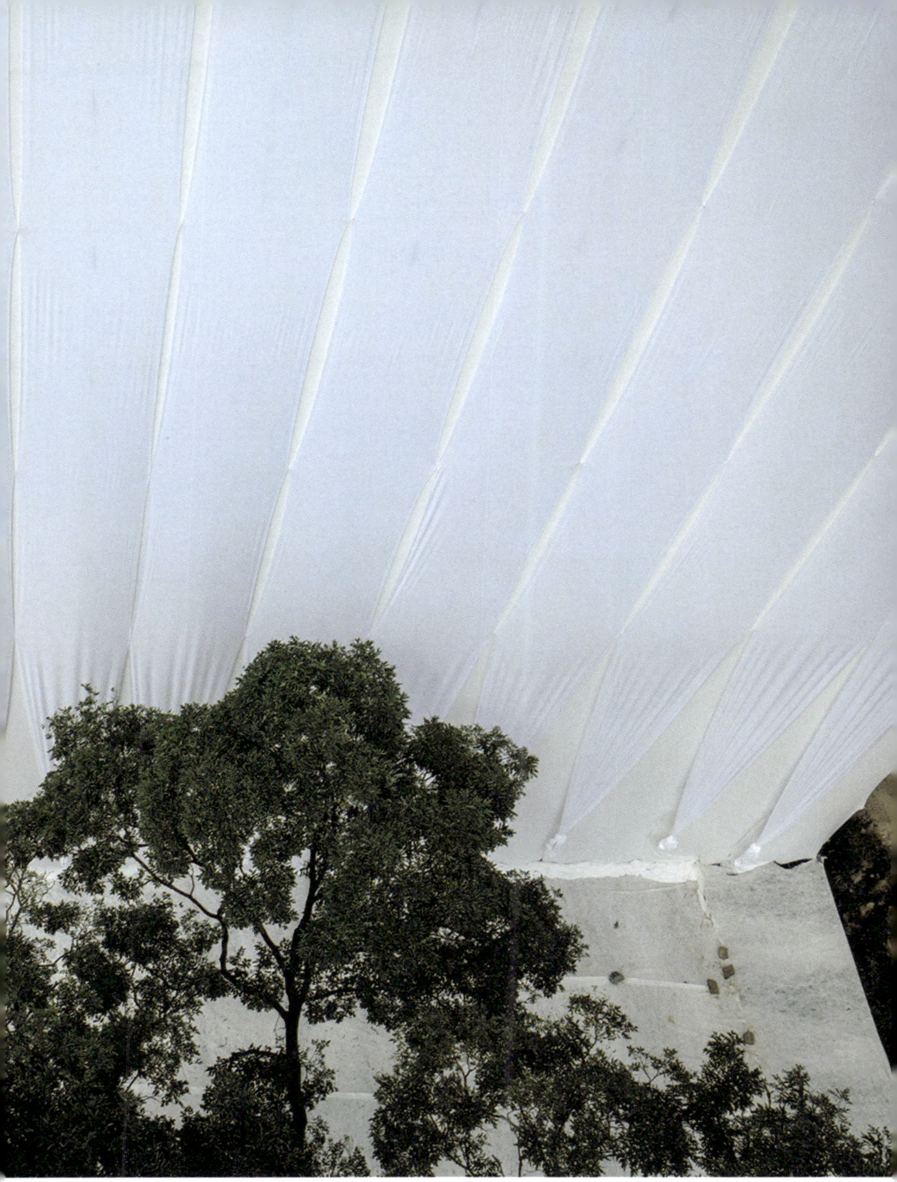

이명호 예술사진의 동시대성 담론

— 단절된 시공간을 엮는 도시의 흔적

이은주 국립현대미술관 학예연구사

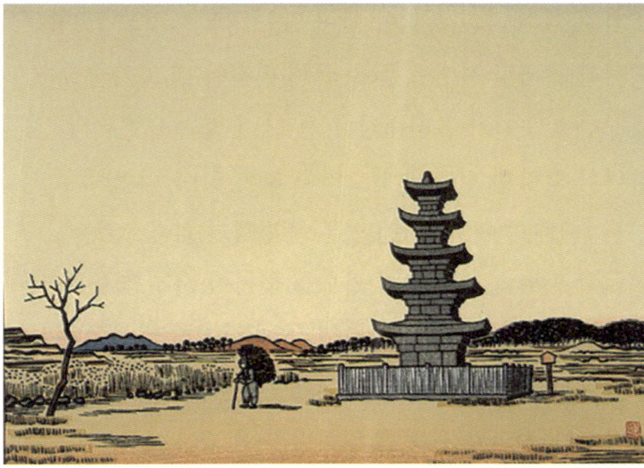

히라스카 운이치, 「백제의 옛수도」(1936)

과거에 현재가 덮치면서 충돌한다.[1]

까맣게 그을린 잿빛의 나무 한 그루. 덩그러니 나무 한 그루만 남아 있다. 20년간 나무를 찍어 온 이명호가 새롭게 작업으로 옮겨 낸 이번 나무 역시 범상치 않은 역사를 품고 있다. 이명호가 사진을 찍기 위해 찾는 장소는 유독 드넓거나 황량한 공간이다. 애초에 이름 없는 공간일 수도 있고 작품의 무대는 찬란한 문명이

1) Walter Benjamin, *The Arcades Project, trans.* Howard Eiland and Kevin McLaughlin(Harvard University Press, 1999), N 72, 3.

꽃핀 이후 폐허의 흔적이 남아 있는 공간이기도 하다. 폐허의 회색질 시멘트 틈을 끝내 비집어 내고 가늘고 강렬한 빛줄기가 흘러내린다. 틈 사이 빛과 닮은 석탑 하나가 황량한 벌판에 덩그러니 놓여 있다. 이 탑을 담은 「백제의 옛 수도」는 일본 목판화가 히라쓰카 운이치(平塚運一)가 조선 팔도를 누비며 사진 찍듯 도시 풍경을 담아냈다. 목재를 한껏 등에 짊어진 지게꾼과 앙상한 나뭇가지는 이 석탑이 품는 애잔한 분위기를 대변한다. 히라쓰카는 왜 허허벌판에 놓인 이 석탑에 매료되었을까? 쓸쓸하고 애잔한 감정이 맴돈다. 다색수성판화 기법으로 꽤 낭만적이게 마무리되었다. 에도 시대에 일본 주요 도시 명소를 풍경으로 옮겨 냈던 호쿠사이와 히로시게의 우키요에 기법이다. 기억조차 할 수 없이 단절된 역사적 풍경이 기묘하게 우리의 시선을 붙든다. 애초에 판화와 사진은 드넓은 풍경에 멈춰서 하나의 정시된 샷을 완성하지만 시공간이 연결된 도시 풍경은 마치 로드무비처럼 움직인다.

폐허 속에 갇혀 있던 나무 한 그루. 이 나무는 히라쓰카가 백제 시대에서 낚아 올린 석탑과 같은 운명에 처해 있다. 백제라는 시공간 속에 갇혀 있던 석탑 말이다. 발터 베냐민에게 기억은 과거와 현재의 특정한 터를 연결하는 매개체였다. 과거의 시공간 속에서 길어

올린 기억은 단순한 발굴적 차원을 넘어 있다. 발굴 장소에 곧바로 새로운 표식[2)]을 해야 한다는 것이다. 히라쓰카는 백제의 시간성을 일제강점기로 소환하면서 판화 작품을 남겼다. 이명호 역시 히라쓰카와 같은 운명에 처했다. 조선 시대에 심어진 나무를 동시대성으로 복권하고, 이 나무를 중심으로 잊히고 은폐된 도시의 역사를 다시 소환시킨다. 과거라는 넝쿨에 덮여 있던 대상을 발굴하여 새로운 표식을 하는 행위이다.

이명호는 오랫동안 나무를 찍어 왔다. 공간 속에 위치한 나무의 역사는 문명 도시의 역사에서 분명하게 제외된다. 초록 녹음이라는 작은 역할, 산소를 뿜어내는 생명력, 공원을 조성하는 일원 등 도시에서 나무의 역할은 인간의 삶의 질 향상에 중요한 역할을 해 왔다. 역사 속에 빗겨 나갔던 나무가 이명호의 캔버스 앞에서 특별한 내러티브를 갖춘 주인공이 된다. 예술이라는 이름으로 그 나무는 또 다른 생명력을 부여받는다.

2) 앞의 책, 182~183쪽.

캔버스-재현 효과

어떻게 평범한 나무가 예술작품이 되었을까? 이명호에게 나무만큼 중요한 요소는 바로 '캔버스'이다. 유구한 역사를 지닌 회화의 기본 재료인 바로 그 캔버스. 캔버스 때문에 이명호의 사진은 곧 예술사진으로 귀결된다. 전통적인 회화 작가들은 캔버스 위에 새로운 세계를 창조하려 했다. 이명호는 역으로 기존 세계에 캔버스를 개입시키는 '행위'를 시작했다. 그는 캔버스에 그리지 않고, 캔버스로 세계 속 존재를 드러낸다. 이명호는 현대 사진의 로케이션 개념을 좀 더 중층적으로 활용했다. 광활한 자연 속에 인위적 행위를 개입해 자연을 드러내거나 덮었다. 다시 말해 작가의 '행위'가 사진 속에 깊이 개입되도록 했다. 이명호의 캔버스는 사진을 하나의 정지된 컷으로 완성시킨다. 역설적이게도 이명호의 사진을 '사진답게'하는 요소는 바로 캔버스인 셈이다. 그래서일까? 사진과 회화가 엎치락뒤치락 경계를 탐하며 긴장된 관계를 유지시킨다. "사진은 평면에 현실적인 리얼리티를 재현했다. 특정 대상을 기억하기 위한 역할도 수행했다. 사진은 생산자와 수용자의 관찰적 시각에 따라 '재현'의 화두가 변화된다. 이명호의 나무 작업은 캔버스를 통해 새로운 풍경을 인식하게 한다. 특정 장소를 찍어 프레임에 가두는 여타 풍경 사진과 다르다."[3)]

이명호의 캔버스 앞에서 사진 찍히는 대상은 그 공간과 분리되면서 캔버스는 새로운 내러티브를 펼칠 수 있는 연극 무대와 같은 효과로 각색된다. 왜 다른 효과가 연출되는 것일까. 이명호는 관찰자 입장에서 바라본 풍경과 나무에 캔버스 장치를 개입시킨다. 사진은 현실의 리얼리티를 재현하지만 그 재현을 극적이게 만드는 것은 캔버스이다. 이러한 개입은 '있는 그대로'의 자연적 풍경을 전혀 다른 맥락의 공간으로 탈바꿈시킨다. 이명호의 캔버스에 등장하는 '나무'라는 지시 대상은 어느새 초상 사진과 같은 역할을 한다. 캔버스를 사이에 두고 공간의 안과 밖이 설정되면서 캔버스 무대장치 뒤는 곧 비가시적 영역을 상상케 한다. 평면성을 띤 사진은 캔버스 설치물로 어느새 공간감을 획득했다. 풍경 전체에서 나무를 분리해 내는 캔버스의 역할은 연극의 무대와 객석을 분리하는 '장막(커튼)'이다. 캔버스 너머의 세계에 대한 동경적 파노라마는 연극 무대의 커튼이 활짝 열리면서 시작된다. 관객은 어느새

3) 이에 대한 참조; 이은주, 「이명호의 '캔버스-재현효과' 사진론 연구」, 《조형디자인연구》 2019, 107쪽.

캔버스 뒤편으로 시선을 옮기고 상상하기 시작한다. 작가의 의도와는 무관하게 사진 이미지에서 제시하지 않는 '보이지 않는 풍경'에 대한 상상의 욕구가 포함된다. 다시 말해 캔버스는 현실과 비현실을 동시에 가진 이중 공간을 생성한다. 캔버스의 앞과 뒤, 현실과 비현실 공간 경계에서 미끄러져 세상에 없던 이미지 세계 속으로 관객을 이끄는 것이 바로 이명호의 '캔버스-재현 효과'이다.

설치미술이 된 '예술 행위'

인적이 드문 황량하고 드넓은 벌판에 캔버스 하나가 우뚝 서 있다. 거대한 크레인에 대형 천이 매달려 있다. 점차 윤곽을 드러내며 세워지고 있다. 특정 대상을 부각시키기도 하고 가리기도 한다. 고정되어야 될 거대한 천이 거센 바람에 의해 대차게 펄럭거린다. 바람은 멈추지 않고 천은 속수무책 여러 갈래로 춤을 추듯 흔들린다. 거대한 천을 고정해야 하니 공사장을 방불케 하는 고철 덩어리 구조물이 차츰 세워진다. 사진은 한 장의 미학이라고 했다. 한 컷에 대한 의미 부여로 작가는 오히려 몇십 장 몇백 장의 과정 사진 공개를 꺼렸던 적도 있었다. 필자가 기획한 전시에서 이명호 작가는 처음으로 제작 과정 사진을 선보였다. 2012년 대안 공간 전시였던 만큼 전시는 결과물보다 과정 중심에 초첨을 두기로 작가와 의기투합한 것이다. 새로운 작업 시리즈는 모두 영상 스틸 컷으로 전시했다. 그간 공개되지 않았던 작품들로 골랐고, 결과물 위주의 사진 전시와는 완벽히 다른 시도였다. 이 시기 이명호는 '예술 행위-프로젝트'라는 개념을 내세웠다. 이명호의 캔버스 설치는 특정 대상을 드러내는 '행위'에서 출발한다. 말끔히 단장한 사진 결과물 뒤에는 이명호가 제시한 '행위' 이상의 개념이 압축되어 있다.

1980년대 후반 포스트모더니즘 논의가 일면서 설치미술 개념이 중요해졌다. 한국 최초의 오브제 설치미술은 1967년 「한국청년작가연립전」에서 보였고 이 전시에 참여한 작가 그룹 '무동인'과 '신전동인'에 의해 촉발되었다. 젊은 작가군은 탈평면을 내세워 새로운 예술 형식을 다채롭게 발표했다. 물론 미술 이론적 해석은 전무했다. 동시대성을 띠고 있는 설치미술 이론이 등장을 앞둔 1980년대는 조각과 설치미술 사이의 작품을 '입체'라고 칭했다. 나무, 돌과 같은 한 덩리 조각 개념을 넘어 여러 개의 오브제 설치들이 유기적으로 연결되면서 전시장에서는 점차 입체와 설치미술이 꽃피었다. 디지털 시대가 도래하니 멀티-미디어 예술을 분석하기 위해 다원 융복합 예술론이 등장한 것처럼 동시대 미술의 화두는 굉장히 다차원적이다. 타 장르와의 교섭도 중요한 요소로 작동된다. 애초에 작가가 명명한 "예술 행위"라는 용어에서도 짐작할 수 있듯이 이명호의 사진 작업도 예외는 아니다. 이 사진 평면 작업의 이면에는 행위와 설치 개념을 이미 품고 있다. 이명호는 사진을 찍기 위해 스스로 찍는 대상을 결한다. 다른 한편 작가는 외부로부터 찍을 대상을 제안받기도 한다. 행위와 설치 개념이 가진 동시대성 때문일까. 타 장르와의 교섭이 증폭된다. 장소 특정적으로 설치한 캔버스 구조물은 조각 작품처럼 영구 설치되기도 한다. 이명호는 20년 사이 「가로수길 프로젝트」(2013), 「플레이어 프로젝트」(2017), 「컬러_와인 프로젝트」(2018), 「창원조각비엔날레」, 「금강자연미술비엔날레」, 「제주비엔날레」를 통해 새로운 장소에서 캔버스 골조를 세우면서 다양한 사람들과 끊임없는 협력, 설득, 타협, 회의, 인터뷰 등의 과정을 거치면서 새로운 작업을 설치한다. 나무 작가, 캔버스 작가라는 꼬리표는 늘 붙어 다니지만 불철주야 수많은 사람들과의 다채로운 작업 협력은 그를 사진 이상의 장르를 섭렵한 작가로 탈바꿈시키고 그때마다 놀랍게도 새로운 이미지를 탄생시킨다.

캔버스를 감싸는 골조는 강한 바람에도 이길 수 있는 견고한 프레임이다. 실제 대형 작업의 경우 골조 공사만 일주일이 넘게 걸린다. 골조 위에 캔버스 천이 설치되는 광경 역시 퍼포먼스적이다. 천의 변화무쌍한 변화를 만들어 내는 것은 바로 바람이다. 바람에 의해 수놓는 천은 공간을 나누기도 합치기도 한다. 그 현장에서 이명호는 사진 촬영을 시작한다. 우리가 보는 결과는 단지 카메라에 담긴 스틸 컷이다. 설치에 방점을 두자면 이명호의 사진은 설치 과정을 찍은 기록사진인 셈이다. 관객이 설치 현장에 있다면 다른 층위의 예술적 경험을 할 수 있다. 사진을 찍기 위한 캔버스 설치가 끝나면 그 장소는 곧 설치 작업이 완성된 현장이다. 그래서였을까. 이명호는 현장 설치 개념을 작업에 적극적으로 개입시켰다. 장소의 특성에 맞게 골조 작업을 구상한다. 사진 결과물에서 캔버스는 특정 대상을 돋보이게 하는 평면의 배경이다. 실제 작업 현장 속의 캔버스는 굉장히 입체적 과정을 요구한다. 장소의 크기와 환경에 맞게 캔버스 골조 작업을 구상한다. 사진을 찍기 위한 현장 설치가 아니라 설치 자체가 작업이 되었다. 이런 첫 시도는 대구 자갈마당 전시였다.(「작명 안(못)한」(2018), 「Not Title(d)」(2018)) 천을 이루는 요소를 착안해 이명호는 사각 설치 프레임에 실을 감았다.

사각 프레임에 지그재그로 수많은 실을 감아 완성했다. 선이 면이 되는 과정이었다. 사각 프레임 안에는 나무가 자라는 대신 덩굴장미가 자랐다. 작업의 표현 요소는 장소 특정적 개념을 품는다. 자갈마당이 지닌 지리적·역사적 특성이 반영된 결과이다.

> 각 모서리를 이루는 틀만 있고 그 안이 텅 빈 육면체의 구조물에 덩굴장미를 심는다. 사이사이로 수천 가닥의 실들을 불규칙적으로 교차시키며 엮는다. 실들은 켜켜이 쌓여 점점 밀도가 높아진다. 멀리서 보면 그저 하얀 캔버스와 같고 가까이 보면 틈새로 덩굴장미가 있다. 시간이 지나면 꽃들이 피고 이내 떨어진다. 그러나 켜켜이 쌓인 실들 때문에 꽃들은 떨어질 수가 없다. 떨어졌으나 떨어지지 못한다. 꽃들은 그 자리에 사진처럼 남겨지고 덩굴장미는 어느새 틈과 틈을 따라 또 자란다. 자갈 마당의 기억, 못 다 한 청춘의 이야기가 얽히고설킨 흰 실들의 캔버스 안으로 스며들고 어느덧 또 다른 사연이 캔버스 밖으로 베어난다.[4)]

4) 「이명호의 작업 노트」, 2018, n.p.

도시로 나온 캔버스, 장소 특정적 아트 개념과 만나다

이명호의 사진 행위 프로젝트는 나무를 특정적으로 중요한 대상으로 만들었다. 그 행위는 점차 장소 특정적 개념으로 옮겨 갔다. 도심 속 대상을 촬영하면서부터이다. 이명호의 초기 나무와 바다 시리즈는 특정 장소성이 드러나지 않았고 '이름 없는 나무'에 가까웠다. 이명호의 '사진 행위 프로젝트'가 도심으로 옮겨 오면서 점차 장소 특정성이 중요해졌다. 대표적으로 「가로수길 프로젝트」(2013), 「유산_숭례문 프로젝트」(2013), 「유산_송도 프로젝트」(2015), 「나무_송도 프로젝트」(2015)가 그 예이다. 각각의 프로젝트는 그 장소여야 작업의 개념이 완성된다. 이명호는 그간 허허벌판에 사람의 눈길 한번 못 받았던 나무를 찍었다. 이런 작가의 초점은 문명에 의해 훼손되고 파괴된 것들의 복원과 연결되었다. 신사동에 위치한 가로수 길은 말 그대로 '나무' 때문에 붙여진 길 이름이지만 지역의 상업화로 점차 나무가 없어져 갔다. 그리고 남대문은 허망하게 불탔다. 캔버스로 들추어낸 대상에 대한 환기가 마치 복원의 문제와 교차되면서 남대문 작업이 시작되었고 이는 장소 특정적 아트 개념이 적용된 프로젝트이다. 사진 촬영을 위한 거대 설치로 그 과정은 스펙터클했다. 장소를 특정지어 진행하는 프로젝트는 현장에서 직접 작업을 제작하므로 예술가의 스튜디오에서 작품을 완성해 전시장으로 옮기는 방식이 아니다. 예술가는 어느 순간 큐레이터, 행정가, 기획자 등 수 많은 프로젝트 관계자들과 협의하고 회의하고 각종 도시 관련 행정가들도 설득해야 한다. 2012년에 시작된 '유산_숭례문 프로젝트'는 이명호의 첫 번째 장소 특정적 아트라 할 수 있다. 그리고 이 개념을 실천하는 작가들은 여행하듯 나라와 지역을 옮겨 가며 작업에 임한다. 사진 작업 속에 동시대적 미술 이론을 품고 있다. 이명호의 새로운 프로젝트는 점점 더 작업의 제작 과정이 중요해졌다. 그 과정에서 그만의 사진과 영상 작업으로 계속 이어졌다.

「컬러_와인 프로젝트」는 프랑스 보르도 생테밀리옹(Saint Emilion) 지역에 체류하면서 완성한 작업이다. 애초에 이명호는 와이너리로부터 그 지역에 있는 포도나무 촬영을 의뢰받았다. 중요한 프로젝트였으나 작가에게는 또 다른 도전이었다. 그간 사진을 담을 나무라는 대상을 작가가 직접 선정해 왔기 때문이다. 컬러 프로젝트가 처음 시작된 것은 생테밀리옹 지역에 1개월 이상 머물면서 전혀 새로운 작업이 시작되었다. 앞에서 살펴보았듯이 이명호 사진의 중심에는 캔버스 천이라는 본질적인 요소가 있다. 이명호는 이 본질적인 문제에 집중하니 외부적 제안은 기존 작업 개념에 역행이기보다는 특별한 변화로 그저 리트미컬한 변주를 짜내는 음율적 요소였다. 이명호는 심플하게 본질에 집중했다. 바로 '포도'와 '캔버스'였다. 생테밀리옹에서 생산된 포도를 으깬 물로 흰색 천을 염색했다. 캔버스 천은 어느새 와인색으로 물들었고, 이명호는 그 천을 펼쳐 들었다. 그리고 찍었다.

이토록 이명호의 캔버스 천은 찍는 대상의 시공간성을 초월적인 힘으로 재편성한다. 폐허의 틀에 갇혀 있는 대상은 곧 지금의 시간에 놓인다. 그는 깊은 우물 속에 빠져 있던 유물을 발굴해 조용히 아무도 모르게 뜻밖의 어느 날 건져 낸다. 종로 도심 한복판에 서 있던 선원전 터의 회화나무 역시 같은 처지에 있다. 공사장을 방불케 했던 이 촬영 현장은 설치, 퍼포먼스, 사진 행위, 장소의 개입, 역사 도시의 복원 등 복합적인 해석들이 창출된다. 조선 시대 임금의 초상을 봉안했던 터에서 그는 또다시 카메라를 들고 찍었다. 오랫동안 그 터를 묵묵히 수호했던 나무의 초상을.

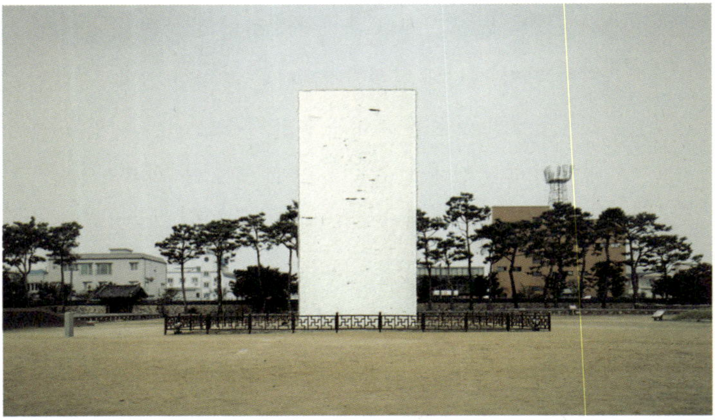

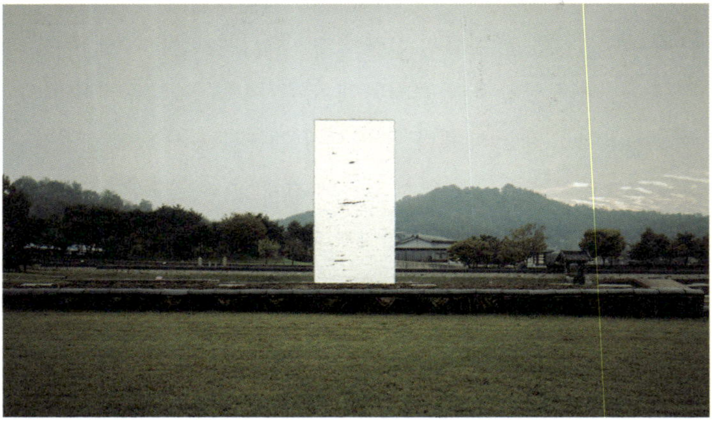

(상) Heritage_JeongnimsaJi #1_East Side, 2019.
(하) Heritage_JeongnimsaJi #3_West Side, 2019.

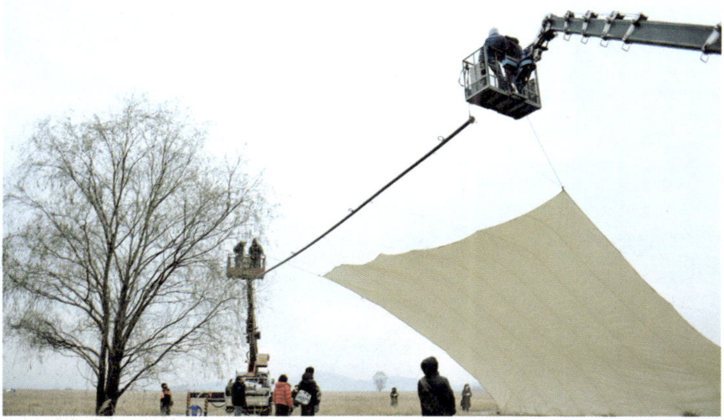

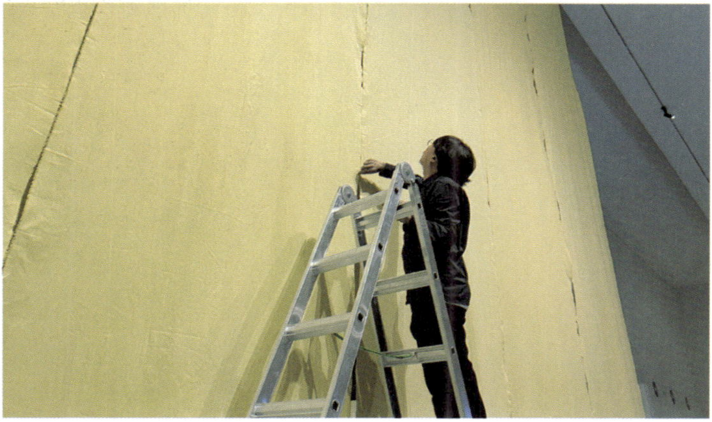

(상) Work View: Tree... #3, 2012.
(하) Work View: Color_Mandarin #1, 2022.

2부

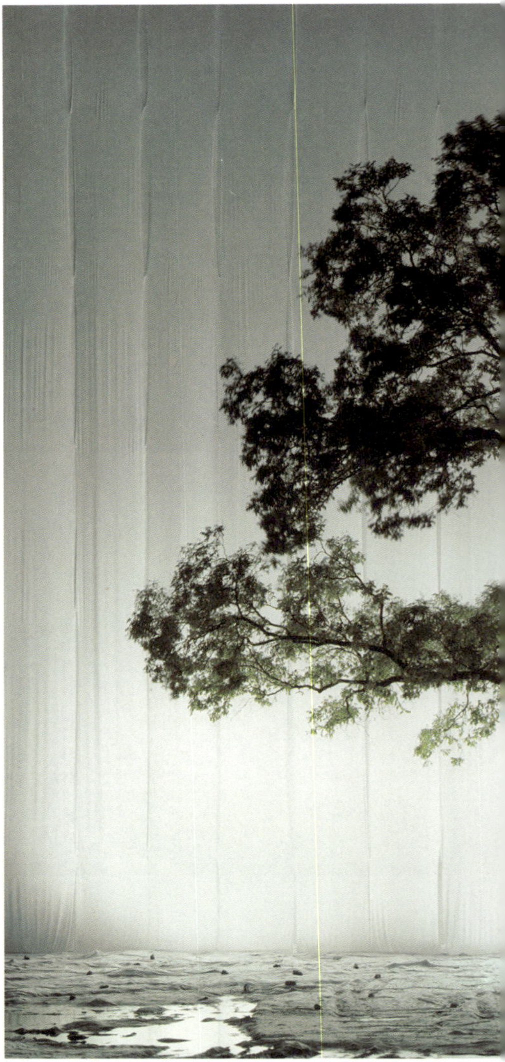

나무와 생태·역사·도시

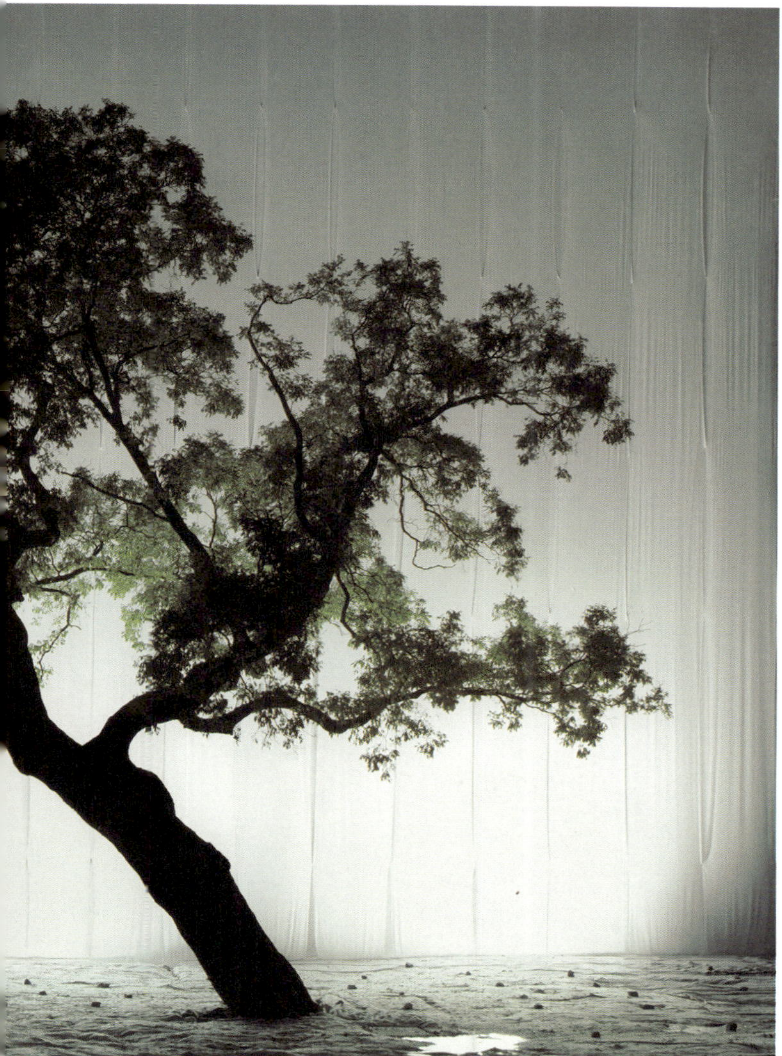

Heritage #7_3

「삼나무의 노래」를 들으며 회화나무를 보다

정혜진 변호사·지구와사람 지구법센터장

우리는 덕수궁 선원전 터에 있는 한 그루의 회화나무에 대해 이야기하고 있습니다. 역사, 유산, 궁궐, 건축, 도시, 조경, 도시, 지속가능성, 산수 등등 각기 다른 시각으로 말이죠. 이 글은 그런 다양한 시각 가운데 가장 낯설고 생경한 지구법 관점으로 회화나무에 접근합니다. 지구법(Earth Jurisprudence)이라는 말, 아마 대부분 처음 들어 보셨을 겁니다. 생긴 지 얼마 안 된 말이니 당연합니다. 지구법 관점에서 회화나무를 보려면 먼저 지구법이 무엇인지 말해야겠는데, 그 전에 저와 같이 음악 하나를 들어 볼까요. 지구법을 설명하는 데 그야말로 딱인 음악이거든요.

「삼나무의 노래」

동영상 검색창에 「Song of Cedars」를 검색해 보세요. 좌우에 두 개의 큰 나무(삼나무인가 봅니다.), 나무 옆에 새 두 마리가 앉아 있고 화면 중앙에 버섯이 보이는 어두운 녹색 화면 영상을 찾으셨다면 맞습니다. 5분 17초, 그리 길지 않으니 한번 집중해서 들어 봐 주시겠습니까.

깊은 숲속 박쥐가 날아가는 소리 뒤로 이름 모를 새들(새들도 다 이름이 있을 텐데 '이름 모를 새들'이라고밖에 할 수 없어 죄송합니다.)이 지저귀는군요. 원숭이 우는 소리와 나뭇잎이 바스락거리는 소리도 포함되어 있다는데 들리시나요. 잠시 후 나지막하게 깔리는 허밍 소리, 그 뒤에 편안한 멜로디의 노래가 얹어지다 허밍 소리와 함께 사라지고, 숲의 동식물들이 내는 소리만으로 가득 찬 채 음악이 마무리됩니다. 영어 가사는 알아듣지 못하지만 무슨 상관이겠습니까. 음악을 즐기는 데는 아무런 방해가 되지 않는걸요. 어떤가요. 숲 한가운데 있는 것 같은 평안함, 훼손되지 않은 자연이 줄 수 있는 특별한 위로가 전해지는 것 같지 않나요.

자연의 소리를 담은 음악이야 수없이 많지만 이 음악이 특별한 건 제작자의 주장이 꽤 독특하기 때문입니다. 'More Than Human Life' 줄여서 'Moth'라는 프로젝트 그룹이 이 음악을 만든 그룹입니다. 우리말로 '인간의 삶 이상'이라는 뜻인데, 이름부터 범상치 않네요. 작곡가, 작가, 균을 연구하는 과학자, 법학자로 구성된 이 그룹은 에콰도르에 있는 로스 세드로스(Los Cedros)라는 보호림 안에 있는 구름숲(열대 또는 아열대의 산악 지역에 위치한 상록수림)에서 캠핑(엄격한 절차의 허가를 받아야만 할 수 있다고 합니다.)을 하면서 숲의 소리를 녹음했습니다. 노래 처음 부분과 마지막 부분이겠지요. 그리고 인간 세계 스튜디오에서 허밍과 노래를 덧입혔지요. 이 그룹은 자신들의 창작 활동이 '숲 안에서'가 아니라 '숲과 함께' 이루어졌다고 주장하면서, 음악의 상당 부분을 담당한 주인공인 숲을 이 음악의 공동 저작권자로 인정해 달라는 청원을 에콰도르 저작권위원회에 제출했습니다.(2024년에 제출된 이 청원을 에콰도르 저작권위원회는 2025년 3월 19일 기각하였고, 청원인은 곧바로 항소하여 결과를 기다리고 있습니다.)

네, 정확히 이해하셨습니다. 숲을 「삼나무의 노래」 공동저작권자로 인정해 달라, 이것이 Moth의 주장입니다. 주장 자체에 논리가 영 없는 건 아닙니다. 이 노래의 상당 부분이 숲 소리 그대로이므로, 숲 없이 이 노래가 만들어질 수 없었다는 건 사실이니까요. 하지만 우리의 상식은 Moth의 주장을 받아들일 수 없습니다. 숲에게 저작권이 있다는 건 법적 상식에 반합니다.

지구법의 관점

저작권법에 문외한이어도 상식으로 압니다. 저작권을 주장할 수 있는 주체는 창작물을 만든 '사람'뿐이라는 걸 말입니다. 개인 사람이거나 혹은 법으로 인정되는 사람 즉 법인(法人)이어야 저작권을 가질 수 있습니다. 어디 저작권법뿐입니까. 권리는 사람만이 누리는 것이지요. 자연은 보호를 받는 객체가 될 수는 있지만 권리를 가진 주체는 될 수 없습니다. 혹시 반려동물과 함께 사시나요? 반려동물을 아무리 사랑해도 반려동물에게 유산을 물려줄 수 없습니다. 반려동물은 사람이나 법인이 아니니까요. 아, 물론 반려동물을 위한 법인을 만들거나 후견인을 두어서 그들이 반려동물을 돌보도록 할 수는 있겠지요. 억만장자가 자신의 유산을 반려동물에게 물려줬다는 해외 토픽 뉴스도 종종 나오지 않습니까? 그러나 그런 경우에도 동물 자체가 권리를 갖는 건 아닙니다.

지구법은 사람만이 권리를 가질 수 있다는 법적 상식에 도전하는 시도입니다. 저작권법, 민법, 형법같이 사회에서 만들어지고 지켜지는 그런 개별 법 개념이 아니라 법체계 전반에 관한 가치관 내지 철학이라고 할 수 있습니다. 지구법의 핵심은 법과 거버넌스를 인간중심주의에서 지구 중심주의로 전환하자는 것입니다. 인간은 지구 공동체의 한 구성원에 불과한데,(이건 누구도 부인할 수 없는 사실이죠.) 왜 인간만이 권리를 독점하는가 하는 질문에서 지구법은 시작합니다. 이런 질문을 왜 하느냐면 지구환경이 너무 망가지고 있기 때문이지요. 사람들 사이의 이해관계를 조정하여 사회를 규율하는 법이 본의 아니게 인간 아닌 다른 지구 구성원들의 희생을 발판으로 발전해 왔다는 겁니다. 그 결과는 환경 파괴, 나아가 기후 위기로 이어지고 있다는 것이고요. 중요한 것은 지구 구성원들은 서로 연결되어 있다는 사실을 받아들이는 것입니다. 어떠한 생명체도 지구의 다른 부분으로부터 단절되어 독립적으로 스스로에게 영양을 공급할 수 없지요. 그래서 서로의 존재를 '법적으로도' 존중해야 한다는 것입니다.

이 용어는 가톨릭 신부이자 문명학자인 토머스 베리(Thomas Berry, 1914~2009)가 2001년에 쓴 「권리의 기원, 분화, 역할」이라는 짧은 글에서 유래되었습니다. 베리는 "지구는 새로운 법체계를 필요로 한다."라고 쓰면서, 법학은 인간의 천부적인 존엄성의 우위를 말하지만 지구에 작동하는 더 큰 지도 원리는 거의 생각하지 않는다고 비판하였습니다. 그러면서 우리가 최우선으로 간주해야 하는 공동체는 인간 공동체가 아닌 지구 공동체이고, 지구 공동체를 우선으로 하는 법체계가 필요하다고 주장했습니다. 존재한다면 그 자체로 본질적 수준의 권리를 갖고, 그 권리를 서로 존중해야 한다는 것이지요. 물론 모든 존재들이 갖는 공통적인 권리가 사람이 누리는 수준의 권리와 동일할 수는 없겠지요. 베리는 지구 공동체 구성원의 기본적 권리로, 존재할 권리, 서식지를 가질 권리, 지구 공동체가 부단히 새로워지는 과정에서 자신의 역할과 기능을 수행할 수 있는 권리, 이렇게 세 가지로 보았습니다.

이런 법체계가 가능할까요. 권리의 주체와 객체의 경계가 명확히 구분되는 근대법 관점에서 보면 도무지 받아들여질 것 같지 않은데 말입니다. 그런데 지구법이 실제의 법으로 구현이 되는 사례가 늘어나고 있습니다. 에콰도르는 2008년에 세계 최초로 헌법에 자연의 권리 조항을 명시했습니다. 뉴질랜드에서는 강과 산에 대해 법인격을 인정하는 법이 잇따라 생겼는데요, 2014년 테우레웨라 국립공원의 숲, 호수, 산맥에 대해, 2017년에는 황거누이강에 대해, 2025년에는 타라나키산에 법인격을 부여한 법이 각각 제정되었습니다. 스페인에서는 2022년에 마르 메르노 석호에 법인격을 인정하는 법이 도입되었습니다. 유럽 최초로 자연의 권리를 인정한 이 법에 대해 위헌 시비까지 불거졌지만 스페인 헌법재판소는 합헌으로 판단했습니다.

「삼나무의 노래」로 돌아가 볼까요. Moth가 숲을 공동저작권자로 인정해 달라는 청원을 한 궁극적 목적은 숲이 저작권료를 받아야 한다는 뜻이 아닙니다. 숲 또한 인간과 마찬가지로 지구 공동체의 공동 구성원이라는 걸 강조하기 위해 그런 청원을 했다고 합니다. 물론 에콰도르 헌법에서 자연의 권리를 인정하고 있으니 공동저작권이 인정될 여지가 아주 없지는 않다는 계산도 깔려 있었을 것입니다. 기존 법체계에서 일부러 벗어나 딴죽을 거는 이 실험적인 주장은 우리가 '자연과 함께' 살아간다는 것이 어떤 것인지 진지하게 생각해 보는 계기를 제공합니다. '자연과 함께', 바로 이것이 지구법의 핵심입니다. 지구 공동체에 인간 외 다른 존재들이 있다는 인식, 그리고 인간과 다른 존재들이 모두 서로 연결되어 있다는 인식 위에 법과 제도가 만들어져야 한다는 것이지요.

지구법의 시각으로 본 덕수궁 선원전 터 회화나무

이제 우리의 화두인 회화나무에 대해 이야기해 봅시다. 지구법의 관점에서 이 특정한 회화나무를 본다는 건 이 나무를 우리 사회 공동체의 구성원으로 보자는 제안이라고 생각합니다. 우리가 일개 회화나무에 의존하고 있고, 마찬가지로 회화나무도 다른 존재와 서로 연결되어 서로가 서로에게 의존하여 살아간다는 상호의존관계를 말하는 것입니다.

그럼 일단 이 나무에 대해 자세히 살펴볼까요. 이 나무의 탄생에 대해서는 안타깝게도 알려진 바가 없습니다. 씨가 날아와 자연스럽게 뿌리를 내리고 자라게

된 것인지, 아니면 작은 묘목으로 여기에 심긴 것인지 모릅니다. 이 나무의 수령을 250년 내외로 추정하고 있으니 이 나무는 아마도 18세기즈음 이곳에 뿌리를 내리기 시작했을 것입니다.

인간 외 존재들은 스스로를 요란하게 드러내지 않습니다. 움직일 수 없는 식물은 더욱 그렇습니다. 나무는 한결같이 그곳에 있었는데, 그 주변은 조선의 임금이 머물렀던 궁궐의 한 부분이었다가(덕수궁), 나라를 빼앗긴 식민지 땅에서 제국의 자본을 위해 일하는 이들의 사적인 공간이었다가(조선경성은행 중역 사택), 해방 후 여성을 위한 교육기관이 되었다가(경기여고), 미 대사관 예정지로 일반인 출입이 한때 금지되었다가 미 정부와의 토지 교환으로 다시 우리 땅으로 돌아와 덕수궁 선원전 영역으로 복원되고 있습니다. 조선왕조, 대한제국, 그리고 근대 대한민국의 복잡한 역사가 그 나무 앞에서 펼쳐졌지만, 나무는 그저 그곳에서 봄이면 새로운 잎을 내고 꽃을 피우고 열매를 맺고 신록을 맘껏 자랑하다가 가을이면 잎을 떨구고 겨울을 준비했습니다. 그걸 몇백 년 동안 계속 반복하고 있습니다. 그게 나무의 일이니까요. 그러면서 여름이면 그 나무의 그늘에 앉아 쉬는 이들을 품어 주었겠지요. 이 나무에 기대어 사는 벌레도 있었을 것이고, 잠시

휴식터로 삼는 새들도 있었을 것입니다. 우리가 아는 나무의 우여곡절도 있습니다. 1965년 경기여고 화재에서 살아남았고, 2004년 방화 추정 화재 때는 심하게 훼손되어 고사 판정까지 받았지만(실은 죽지 않았는데), 다시 잎을 내고 꽃을 피웠습니다. 경기여고 화재 때는 학생들이 나무를 살리려고 애썼다는 말이 전해지고, 고사 직전까지 몰린 상황에서는 우리가 알지 못하는 또 다른 존재들의 도움을 받았을 것입니다. 예컨대 땅과 햇빛과 비 등 자연의 신비가 이 나무 안에 남은, 불에 타 죽어 가는 속에서 아주 조금 남겨져 있던 작은 생명의 기운에 힘을 주지 않았을까요.

지구법은 시각의 이동, 아니 시각의 확장입니다. 인간 중심에서 벗어나 지구 공동체 모든 구성원들을 보려고 하는 시도입니다. 함께 사는 사회는 옆에 누가 있는지 먼저 앎으로써 구현됩니다. 인간 외 다른 지구 공동체 존재들에게 관심을 갖고 보는 것이 지구법의 시작입니다. 옆에 다른 존재가 있다는 것을 인식하는 것, 그것이 지구 다른 공동체와의 공존의 시작입니다. 그러고 보니 한 나무를 중심으로 궁궐과 역사와 도시를 보는 이런 프로젝트 자체가 어쩌면 넓은 의미에서 지구법의 시선에 포함되는 것이 아닐까 하는 생각도 듭니다.

선원전 터 회화나무는 운 좋게 살아남았고, 이렇게

우리의 관심을 받고 있습니다. 이명호 작가의 예술적인 사진으로까지 남았으니 이 나무는 특별히 축복받은 존재라고 해야 하겠네요. 노래로 남아 이역만리 사람들에게도 그 소리를 전해 주는 에콰도로 로스 세드로스 보호림처럼 말이죠. 모든 존재가 다 이 정도의 관심을 받지는 못하지만, 지구 공동체의 각 존재들은 각자의 위치에서 각자 할 일을 하며 살아가고 있습니다. 선원전 터 회화나무를 통해 지구법적 시각을 알게 되셨다면 여기서 더 나아가 우리 일상에서 우리 옆에 있는 다른 지구 공동체 구성원들을 인식하며 살아가면 좋겠습니다. 인식하지 않았을 때도 우리는 모두 연결되어 있지만, 그 연결을 인식하고 서로를 존중한다면 더 나은 지구 공동체로 살 수 있지 않을까요.

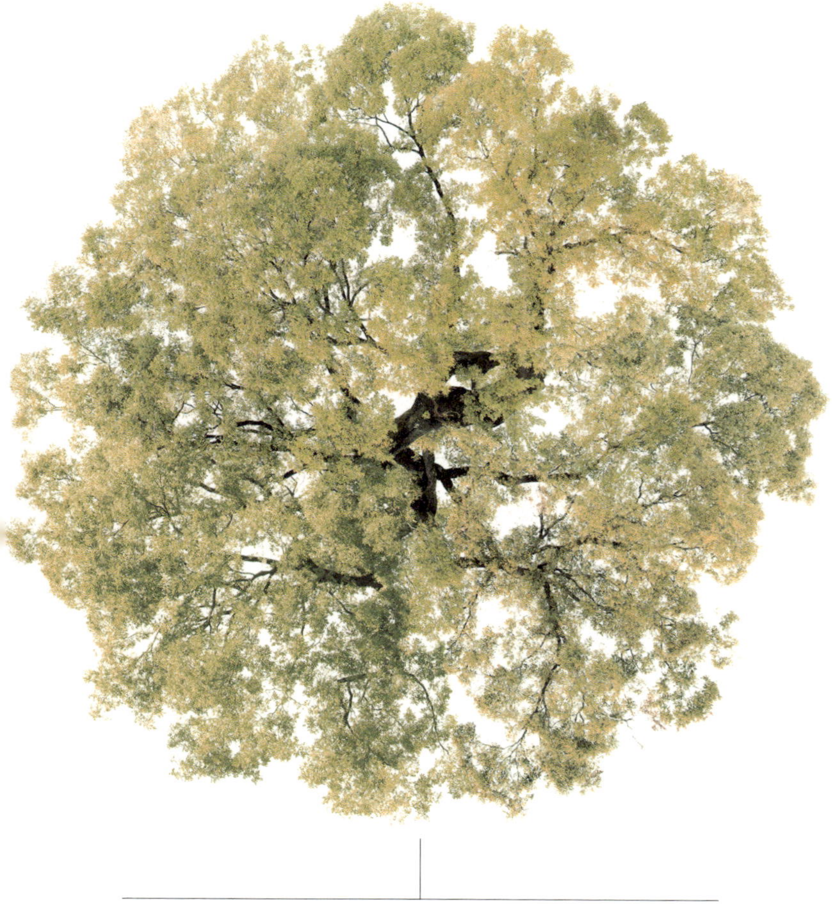

Heritage...... #7_11

저 나무는 언제부터 왜 그곳에 자랄까

공우석 기후변화생태계연구소장

시간과 공간 스케일을 조금 멀리 두고 몇 가지 이야기를 시작할까 합니다. 즉 까마득한 지질시대부터 현재에 이르기까지 자연사 시간 여행을 하고, 지구촌 전체부터 서울 중구 덕수궁 회화나무 한 그루까지를 아우르는 공간을 탐험하겠습니다.

청년 여러분의 가장 큰 고민거리는 무엇인가요? 사람마다 걱정거리는 다르겠지만 지구촌의 공통 현안은 1년 후도 예측하기 힘든 기후변화일 것입니다. 기후변화는 아주 뜨거운 글로벌 이슈입니다. 기후 위기는 사람들의 관심이 커지고, 과학기술이 발달하고, 시간과 자본이 투입되면 일정 부분 극복할 가능성도 있습니다. 물론 그렇지 않을 수도 있고요.

유엔환경계획(UNEP)에서는 21세기에 인류가 해결해야 할 10가지 현안을 제시했습니다. 기후변화, 식량, 생물 서식지 파괴, 화학비료, 자연 자원 고갈, 외래종, 마시는 물, 중금속중독, 도시 대기오염, 미세먼지 등이 그것입니다. 스웨덴 스톡홀름대학교의 스톡홀름 리질리언스 센터라는 두뇌 집단은 생물 다양성의 소실, 질소순환, 기후변화가 가장 시급한 현안 3가지라고 보았습니다.

이처럼 21세기 초 비슷한 시기에 위의 두 기관이 지구촌이 풀어야 할 현안 10가지 정도를 이야기했는데 내용 자체는 서로 크게 다르지 않습니다. 다만 서로 강조하는 우선순위가 다릅니다. UNEP에서는 기후변화, 식량 문제, 화학비료, 물, 대기오염 등 유엔 회원국 전체의 보편적 주제를 강조한 데 비해 스톡홀름대학교에서는 생물 다양성이 소실되는 문제를 질소순환, 기후변화와 함께 가장 중요한 3가지 이슈로 보았습니다.

우리는 유엔의 193개 회원국 모두가 해결해야 할 보편적 당면 문제보다는 우리보다 앞선 선진국인 스웨덴이 본 미래지향적인 세계를 주목해야 합니다. 이제 우리도 우리 주변 동식물의 다양성에 관심을 가져야 할 이유이기도 합니다. 도시 내 궁궐에 있는 나무 한 그루를 시간과 공간적인 관점에서 다시 보아야 합니다.

이와 같은 국제기구나 두뇌 집단들 외에도 2022년도에 흔히 다보스 포럼이라고 부르는 세계경제포럼(WEF)에서 10년 내에 우리가 겪게 될 위협 요인(risk)에 어떤 것들이 있는가를 120여 개 나라의 1천 명의 전문가를 대상으로 조사했습니다. 이들은 기후행동 실패, 극단적인 날씨 등 기후와 관련된 두 가지 우선순위를 제시했습니다. 그런데 의외로 경제인들이 생물 다양성의 소실 문제를 세 번째 이슈로 손꼽았습니다. 그 밖에는 사회적 결속력 붕괴, 생계 위기, 전염병, 인간의 환경 훼손, 자연 자원 위기, 부채 위기

그리고 지리와 경제적 대립을 꼽았습니다.

이제는 우리 정부도 이러한 문제에 관심을 가지고 준비하고 있습니다. 과학기술정보통신부 산하 KISTEP(한국과학기술기획평가원)에서 정부의 과학기술 정책 수립 기관인 대한민국이 21세기에 대비해야 할 7가지 메가트렌드로 글로벌화의 심화, 갈등의 심화, 인구구조의 변화, 문화적 다양성 증가, 에너지와 자원의 고갈, 기후변화 및 환경문제 심화, 중국의 부상과 세부 22가지 트렌드를 제시했습니다. 그 가운데 기후변화와 환경문제가 심각해질 것으로 예측하면서 지구온난화 문제, 환경오염 그리고 생태계 변화 문제를 강조했습니다. 그래서 저는 우리 주변에 있는 동물, 식물 생태계 그리고 사람의 삶의 터전에 대해 덕수궁 선원전의 회화나무를 중심으로 이야기를 해 볼까 합니다.

세상을 보는 지리적인 눈

지리학의 출발은 공간상에 찍힌 하나의 점에서 시작됩니다. x축과 y축이 만나는 교차점에 점이 하나가 찍힙니다. 그 점이 하나가 아니고 두 개일 때 이으면 선이 됩니다. 점들이 3개 이상이고 연직선상에 있지 않으면 이와 같은 공간을 이루는 면을 만들게 됩니다.

그리고 이제 점들이 입체적이면 또 다른 3차원의 세상이 만들어집니다.

시간(時間)은 정지된 시각과 시각 사이로 동양에서는 하늘〔天〕입니다. 시간에 따른 세상의 모든 일은 역사학의 영역입니다. 공간(空間)은 장소와 장소 사이의 땅〔地〕인데, 장소에 따른 세상사의 모든 것이 지리학의 관심사로 땅의 질서가 작용합니다. 시간과 공간 속에 땅과 함께 사는 인간(人間)은 사람〔人〕을 뜻합니다. 동양의 천지인 사상과 서양의 공간, 시간, 인간을 아우르는 시각은 크게 다르지 않습니다.

우리는 너무 짧은 시간을 가지고 세상의 모든 것들을 이해하려고 합니다. 그러나 지금부터는 우리가 보는 모든 대상도 시간, 공간, 인간이 어우러진 통합체로 보면서 긴 호흡을 가지고 바라보는 것처럼 덕수궁의 회화나무를 보아야 합니다. 저 회화나무는 아주 오랜 시간 동안 뿌리를 내리고 살아 오늘 저 자리에 있는 것입니다. 보통은 500년 조선왕조와 궁궐 얘기를 하는데 저는 이보다도 근본적으로는 이 땅이 어떤 과정을 거쳐서 만들어졌고 우리는 어떤 모습으로 나무와 함께 어울려 살고 있는가를 살펴보려 합니다. 지금 저 앞에 서 있는 회화나무 한 그루가 언제부터 왜 저곳에 있는지, 우리가 좀 더 긴 호흡을 가지고 살펴볼 필요가 있습니다.

지금부터 약 46억 년 전에 땅과 대기가 있는 지구가 만들어졌습니다. 약 37억 년 전에는 지구상에 원래 있었던 땅(암석권)과 공기(대기권)에 더해서 물 (수권)이 생겼습니다. 5억 년 전쯤에는 생명체(생물권)가 육상에 등장했습니다. 인류의 조상이 등장한 것은 700만 년밖에 되지 않습니다. 그런데 이 과거에 있었던 얘기들이 너무나 먼 얘기이기 때문에 우리가 시간을 거슬러 올라가기에는 한계도 있고 실감되지도 않습니다.

지난 11만 년 전부터 신생대 제4기 플라이스토세(Pleistocene)의 마지막 빙하기가 시작됐습니다. 빙하기가 아주 극성을 부리고 기온이 오르락내리락하다가 지금부터 한 2만 2000~1만 8000년 전은 마지막 빙하기로 오늘날보다 섭씨 6~8도 내외로 기온이 낮았습니다. 유라시아 대륙 서쪽의 북서유럽에는 3000~4000m에 이르는 두꺼운 대륙빙하로 덮여 있었고 해수면은 현재보다 130m까지 낮았습니다.

이에 비해 한반도를 비롯한 동아시아는 혹독한 추위에 있었지만 시베리아 북부 내륙에서 발달한 한랭건조한 고기압의 영향으로 대기가 건조해 대륙빙하는 발달하지 않았습니다. 한반도 서쪽에 있는 서해는 평균수심이 44m 정도이고, 남해는 100m 남짓입니다. 따라서 빙하기가 극성을 부렸을 때 서해와 남해는 육지로 노출되었습니다. 동해는 수심이 깊고 태평양과 이어져 동해의 상황은 서해나 남해와는 달랐습니다. 빙하로부터 자유로웠던 한반도는 유라시아 대륙 내에서 특히 동아시아에서 동물과 식물 그리고 고인류가 살아남을 수 있는 하나의 터전이자 피난처를 제공했습니다.

오늘날 우리 주변에 있는 모든 것들은 결코 우연이나 짧은 순간의 산물이 아닙니다. 마지막 빙하기에서 지금까지 오랫동안 이어졌던 자연사의 산물입니다. 1만 2000년 전부터 마지막 빙하기가 끝나고 따뜻한 후빙기인 홀로세(Holocene)에 들어서게 됩니다. 이때를 우리는 문화 역사적으로는 신석기시대라고 부릅니다. 신석기시대 이후에 자연에는 많은 변화가 있었습니다. 홀로세에는 현재보다도 기온이 온난했던 시기들도 있었고 추웠던 시기들도 있었습니다.

마지막으로는 서기 1300~1800년대까지 현재보다 더 1~2도 정도 추웠던 소빙기 (Little Ice Age)를 거쳐 현재에 이르렀습니다. 소빙기 때는 전 세계적으로 춥고 습해 농사를 망치고 흑사병까지 창궐한 인류에게는 고난의 시기였습니다. 우리나라도 조선 시대에 좋지 않은 기후 때문에 농사가 실패해 사회가 혼란해지고 민란이 자주 발생했습니다. 오늘 우리가 이야기하는 덕수궁의 회화나무도 이런 굴곡진 역사의 산물입니다.

생물 다양성

오랜 지구의 자연사 과정을 거쳐 진화한 결과 오늘날 지구상에는 5만 8500여 종에 가까운 나무들이 자라고 있습니다. 그런데 안타깝게도 그 가운데 30%에 이르는 1만 7,500여 종의 나무들이 멸종 위기에 놓여 있습니다. 숲은 지난 300년 동안 산업화, 도시화, 인구 증가에 따라 40% 정도 감소했습니다. 특히 29개 개발도상국에서는 삼림의 90% 이상이 사라졌습니다.

지난날 우리나라에서도 헐벗은 민둥산은 어디에서나 볼 수 있었던 경관이었습니다. 그 뒤 1960년대 중반부터 정부는 강력한 입산 금지와 산림녹화 정책을 시행했습니다. 그 결과 대한민국은 2차 세계대전 이후에 황폐했던 삼림을 가장 성공적으로 복구한 모범 사례로 UN과 전문가들이 소개하기도 합니다. 이런 우여곡절을 겪은 끝에 이제 우리는 아름다운 숲과 생태계를 볼 수 있습니다.

정부에서는 희귀하거나 멸종 위기에 있는 생물을

선정해서 보살피기 위해 천연기념물로 지정해 관리하고 있습니다. 천연기념물들에는 식물, 동물뿐 아니라 광물, 지형 등도 해당됩니다. 나무 가운데 천연기념물로 지정된 것은 소나무, 은행나무, 느티나무 등 다양합니다.

회화나무에 앞서 우리 주변에서 가장 흔히 볼 수 있고 천연기념물로 지정된 숫자도 가장 많은 소나무 이야기를 먼저 해 보겠습니다. 제가 연구한 결과로는 우리나라에는 4개과 10개 속에 28종의 자생종 침엽수가 자랍니다. 여기에는 소나무과, 측백나무과, 개비자나무과, 주목과 등 4개과에 여러 종이 있습니다. 침엽수 가운데 잎갈나무, 만주잎갈나무, 분비나무, 구상나무, 가문비나무, 종비나무, 풍산가문비나무, 눈잣나무, 울릉솔송나무, 눈향나무, 곱향나무, 단천향나무, 눈측백, 설악눈주목 등은 지구온난화가 계속됐을 때 한반도 내 분포지가 줄거나 사라질 가능성도 있는 위기에 있는 침엽수입니다.

소나무와 우리 문화

침엽수 가운데 우리 문화와 가장 밀접한 관계에 있는 나무는 소나무입니다. 사람들은 소나무는 잘 알고 있다고 생각하는데 실제로는 소나무와 비슷한 다른 나무를 소나무라고 착각하기도 합니다.

왜냐하면 소나무와 비슷한 곰솔, 잣나무 등 자생종과 리기다소나무, 스트로브잣나무 등 외래종이 우리 주변에 많이 있기 때문입니다.

소나무는 왜 우리나라에서 가장 흔하게 볼 수 있는 나무가 되었을까요? 그 이유는 여러 가지가 있는데 가장 근본적으로는 이 땅에 가장 오래전부터 살아왔던 터주 식물이기 때문입니다. 소나무의 솔방울, 솔씨, 솔잎 등 거대 화석과 꽃가루 등 미세 화석의 화석 자료를 시계열적으로 복원해 보면 우리 주변에 왜 소나무가 지금까지 이렇게 많이 보이고 살게 됐는지 알 수 있습니다.

고생대는 양치식물의 시대였습니다. 중생대는 바늘잎나무가 우점한 침엽수의 시대였습니다. 중생대, 백악기는 공룡이 활동했던 시기인데 이때 황해도 사리원과 전라북도 진안에서 소나무의 화석이 발견됩니다. 신생대 초기에 해당되는 신생대 제3기 초기에는 침엽수 화석은 나타나지 않았습니다. 신생대 후기인 마이오세부터 소나무 화석은 연속해서 나타납니다. 신생대 제4기는 258만 년 전부터 시작되었는데, 소나무는 이후에도 끊임없이 명맥을 유지하며 한반도에 가장 널리 분포하는 대표 수종이 되었습니다. 이 땅에 오래 살면서 풍토에 적응한 결과

가장 흔하게 볼 수 있는 나무가 되었습니다.

우리 주변에는 소나무가 이렇게 흔하지만 중국 동북부와 일본에 제한적으로 분포하고, 러시아 연해주에서는 일부 지역에만 자라는 희귀 식물로서 보호하기도 합니다. 전 세계에서 유일하게 한반도에서만 널리 분포할 만큼 소나무는 특별한 종인데 우리가 그 가치를 모르는 것입니다. 소나무는 중생대 때부터 신생대 3기와 신생대 4기를 거쳐 현재까지 자라는, 우리에게 가장 친숙한 나무가 되었습니다.

소나무는 역사시대인 조선 시대에도 널리 분포했음을 옛 문헌 분석을 통해 알 수 있습니다. 『세종실록지리지』(1454), 『신증동국여지승람』(1530), 『동국여지지』(1656), 『여지도서』(1757~1765), 『임원십육지』(연도 미상, 1842년으로 추정), 『대동지지』(1864), 『조선일람』(1931) 등 고문헌을 바탕으로 조선 시대 군과 현에서 어떤 물산들이 나는가 하는 소나무의 시계열적 분포 변화를 복원했습니다.

그 결과 소나무는 조선 시대에 걸쳐 끊임없이 중부와 남부 지방을 중심으로 분포했습니다. 소나무는 우리나라 남부와 백두대간을 중심으로 경상도와 강원도에 널리 자랐습니다. 그에 비해 잣나무는 북한 쪽에 분포의 중심이 나타났습니다. 소나무는 상대적으로 따뜻한 곳, 잣나무는 상대적으로 추운 곳에 분포했음을 알 수 있습니다.

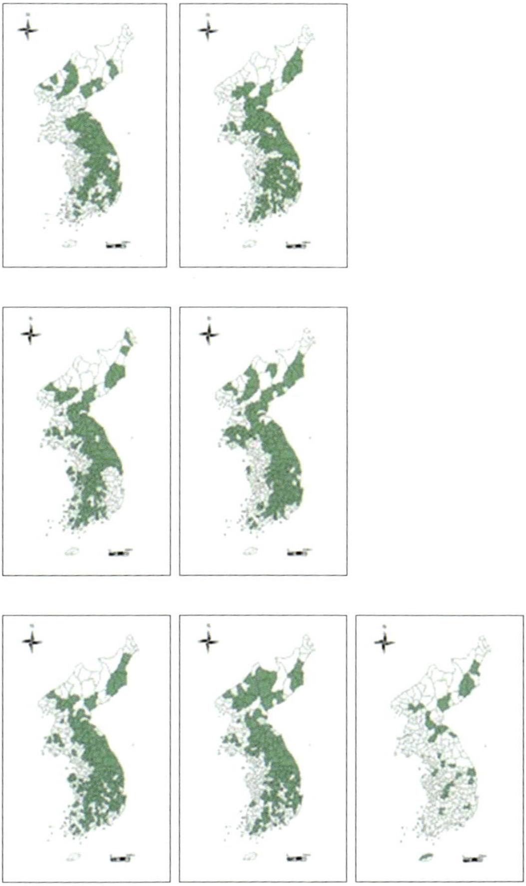

(공우석, 2023)

오늘날의 나무와 숲

소나무를 비롯한 나무들은 여러 이유로 우리 주변에서 점차 줄거나 사라지고 있습니다. 우리가 모르는 사이에 어떤 나무들은 멸종 위기의 단계까지 와 있습니다. 사라질 위기에 있는 나무들은 대부분 개발이나 산불 등에 의해 훼손되거나 기후변화의 희생자가 되기도 합니다.

나무들은 서식지가 파괴되고, 외래종에 밀리고, 인구 증가에 따른 산업화와 도시화로 뽑히고, 환경오염에 의해 말라 죽는 등, 사람들의 욕심 탓에 사라지고 있습니다. 생물의 멸종을 부추기는 요인을 흔히 HIPPO라고 표현합니다. 서식지 변형(Habitat alteration), 외래종(Invasive species), 인구 증가(Population growth), 오염(Pollution), 과도한 이용(Over-exploitation) 등이 생물의 멸종을 부추깁니다. 나무가 멸종 위기에 놓인 것은 농업 위한 서식지 훼손(29%), 벌목(27%), 목축(14%), 도시개발(13%), 산불(13%), 에너지 생산·광산 개발(9%), 목재·펄프용 대규모 조림(6%), 외래 침입종(5%), 기후변화(4%) 등 때문입니다.[3)]

3) https://www.bgci.org/ourwork/networks/gta.

산림청 조사에 따르면 우리나라 국토의 62%가 숲으로 삼림입니다. 산림 면적으로 봤을 때 우리나라는 핀란드(73.7%), 스웨덴(68.7%) 일본(68.4%) 다음으로 산림 면적이 넓은 나라입니다. 그래서 요즘 어린 학생들은 우리 숲은 당연히 예전부터 저렇게 항상 푸르렀을 거라고 생각하는데 실제는 그렇지 않았습니다. 나이 드신 분들은 초등학교 때 나무 심으러 다니거나 소나무에서 송충이를 젓가락으로 잡았던 기억이 있는 분들도 있을 것입니다. 오늘 우리가 보는 숲은 사람들이 다시 만든 피와 땀의 결과입니다.

2020년 기준으로 산림이 1년에 주는 공익적 가치는 260조 원으로 평가되었으며, 국민 한 명이 받는 혜택은 연간 499만 원 정도인 셈입니다. 숲이 내게 도움을 준 적이 적이 없다고 생각하는 사람도 깨끗한 물과 공기, 미세먼지 감소, 기후변화 방지, 임산물, 야생 동식물의 서식지, 휴양 등 많은 혜택을 숲으로부터 누리고 있습니다. 그런데 아쉽게도 숲의 면적은 갈수록 감소하는 추세에 있습니다.

또 안타까운 사실은 숲이 주는 혜택이 모든 지역에 고르지 않고 지역마다 다르다는 점입니다. 광역 지자체별로 개인당 도시 숲의 면적은 세종시가 24.2m²로 가장 넓고 서울은 4.38m²로 꼴찌입니다.

세계보건기구(WHO)는 적어도 개인당 9m²의 숲이 있어야 한다고 권고하고 있습니다. 인천(8.23m²), 경기(7.69m²) 등 수도권과 서울은 세계보건기구 기준에도 미치지 못하는 도시 내 숲 면적을 가지고 있습니다. 서울시 자치구별로 보게 되면 중구(2.64m²)는 서초구(13.13m²) 등 다른 자치구에 비해 훨씬 숲 면적이 적습니다. 도시의 허파라 부르는 그린벨트 등 숲이 사라질 때 위험한 이유가 여기에 있습니다.

덕수궁의 회화나무

그나마 서울의 궁궐과 공원에 남아 있는 나무와 숲이 도시에서 사막의 오아시스와 같은 역할을 합니다. 오늘의 주제인 궁궐의 회화나무(*Sophora japonica*)는 그 주인공의 하나입니다. 회화나무를 비롯한 나무들이 우리 주변에 있는 것은 결코 우연하게 그곳에 서 있는 것은 아닙니다. 덕수궁의 회화나무는 결국은 켜켜이 쌓인 과거 역사의 산물입니다.

회화나무는 은행나무, 느티나무, 팽나무, 왕버들과 함께 우리나라에서 가장 오래 살며 크게 자라나는 대표적인 노거수의 하나입니다. 일반적으로 궁궐 등 주요 건물의 동쪽에 회화나무, 소나무를 심어 원림을 조성했습니다. 오늘날 널리 사용하는 정원(庭園)은 일본식 단어이고 우리 조상들은 전통적으로 원림(園林)이라고 불렀습니다. 원림은 자연에 약간의 인공을 가하여 자신의 생활공간으로 삼은 것을 이릅니다.

회화나무는 콩과식물로 원래 우리나라 토종 나무는 아니고 중국에서 들여와 심은 낙엽활엽수로 빨리 자라며 오래 사는 나무입니다. 추위를 견디는 내한성이 크고 대기 오염에도 강해, 도시에 가장 적합한 수종 중 하나입니다. 염색에도 사용하고 혈액, 통증, 해열을 다스리는 약재로도 사용한 나무입니다.

회화나무는 왕을 도와 일하는 영의정, 좌의정, 우의정을 상징하는 나무로 세 그루를 조정의 관료들이 집무하는 관청의 외조(外朝)에 심었습니다. 중국 궁궐 건축의 기준이 되는 『주례(周禮)』에 따라 궁궐 입구에 회화나무를 심었습니다. 조선 후기에 창덕궁과 창경궁을 그린 동궐도(東闕圖)에 등장하는 회화나무 노거수는 나이가 400년 이상으로 알려졌습니다.

우리나라에서 천연기념물로 지정된 회화나무 노거수는 인천 서구 신현동(수령 500년), 충남 당진 송산면 삼월리(수령 500년), 경북 경주 안강읍 육통리(수령 600년), 경남 함안 칠북면 영동리(수령 500년),

서울 종로 창덕궁 8그루(수령 400년) 등이 있습니다.

회화나무는 궁궐 외에도 서원, 향교, 문묘, 무덤, 정자나무, 양반 마을 지킴이 나무로 집안 문 앞에 심으면 잡귀신의 접근을 막아 집안이 평안하다고 믿었습니다. 관직을 마치고 낙향하는 인사들은 고향에 회화나무를 심고 '학문을 게을리하지 않는 선비가 사는 곳'이라 해서 학자수(學者樹)라고도 불렀습니다.

우리 덕수궁 선원전의 선원(璿源)은 '아름다운 옥의 근원'이라는 뜻으로, 왕실의 유구한 뿌리를 의미합니다. 동쪽에 자라는 회화나무는 누군가 심어서 거기에 있겠지만 왕조의 번성과 영속성 등 많은 의미를 갖습니다. 회화나무, 소나무, 느티나무, 이러한 나무들이 우리의 이웃이 된 것은 지구의 자연사, 기후변화와 함께 우리 문화와 공존한 시대의 산물입니다. 덕수궁 회화나무 한 그루가 그곳에 존재하는 이유는 시간, 공간 그리고 인간과 깊게 관련되어 있습니다. 나무 한 그루의 존재에 대한 가치를 다시 되돌아볼 이유는 충분합니다.

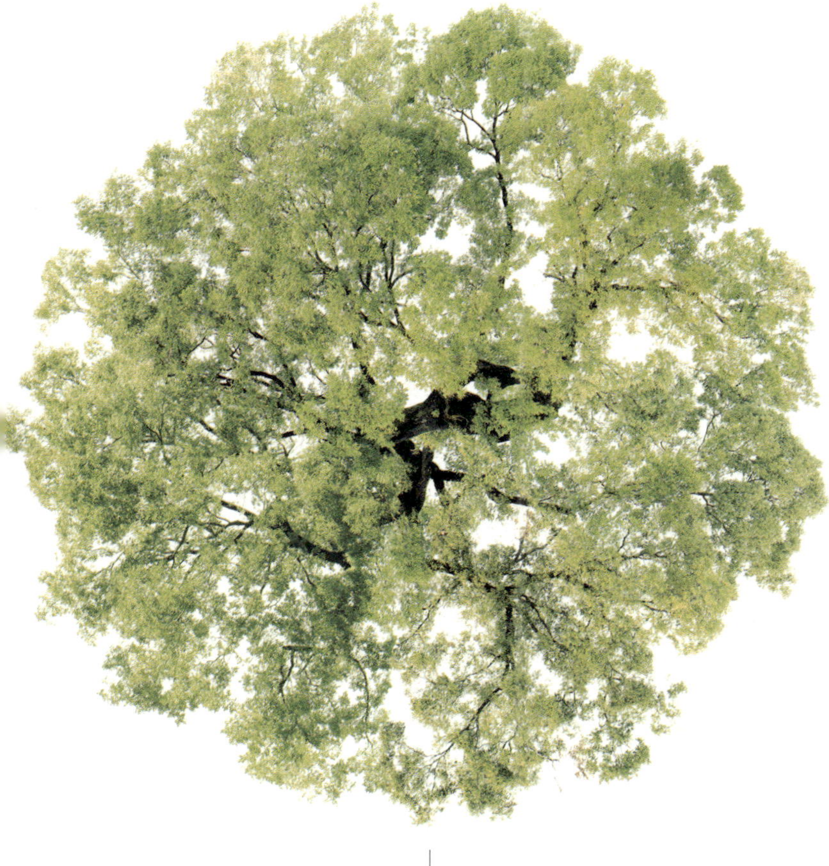

Heritage...... #7_12

우리는 왜 조선 궁궐을 복원하는가

최종덕 전 국립문화재연구소장

1 조선의 궁궐

1392년 건국한 조선은 1910년 일본에 강제 병합되기 전까지 500년 이상 왕조의 도읍인 한양을 중심으로 화려한 문화를 꽃피우며 그 흔적을 남겼다. 그중 대표적인 것이 궁궐이다.

왕조의 중심이자 상징인 조선의 궁궐은 그 영광만큼이나 수난의 아픔을 경험했다. 첫 아픔은 건국 200년 되는 1592년에 일어난 임진왜란이다. 이때 경복궁을 비롯한 조선의 모든 궁궐이 불탔다. 다음은 1910년부터 1945년까지 일제강점기였다. 식민 지배를 시작한 일제는 이런저런 구실을 붙여 경복궁의 전각 대부분을 공매하고 그들의 치적을 자랑하는 박람회를 비롯해 여러 행사를 경복궁에서 개최했다. 창경궁은 동물원과 식물원, 박물관으로 꾸미고 '창경원'으로 이름마저 바꾸어 조선 왕실의 자존심을 짓밟았다. 창덕궁과 경희궁, 덕수궁도 이런저런 명분을 달아 전각을 철거하고 자신들이 필요로 하는 시설물을 설치함에 망설임이 없었다. 특히 조선의 으뜸 궁궐이었던 경복궁 정면에는 한반도 지배의 총본산인 조선총독부 청사를 지어 그 위세를 과시했다.

1945년 2차 세계대전이 연합국의 승리로 끝나

일본이 패망하고 1948년 대한민국이 건국했으나 식민 지배로 수탈된 경제는 말이 아니었다. 설상가상으로 1950년 발발한 한국전쟁으로 모든 것이 파괴되어 먹고살기도 힘든 나라 살림에 일제가 파괴한 과거의 건축 환경을 되살릴 겨를이 없었다. 1962년 시작한 정부의 '경제개발5개년계획'이 수차례에 걸쳐 성공을 거두어 1980년대부터 나라 살림에 숨통이 트이자, 자신감을 얻은 정부는 미래로 향한 발전을 확신하며 과거에 관심을 돌리기 시작했고 그 출발점이 1983년 '창경궁 복원'이었다. 1990년부터는 경복궁 복원을 본격적으로 시작해 구 조선총독부 청사를 철거하고 2023년에는 광화문 월대까지 복원해 조선 법궁(法宮)의 위용을 과시하고 있다. 또, 1990년대 중반부터 2000년대 초까지 창덕궁을 복원해 국내외 관광객의 발길이 잦아지고 있다. 최근에는, 일제강점기에 일제가 일본 여학생을 위해 설립했던 경성제일공립여학교가 차지했다가 해방 후에는 경기여자고등학교가 자리했던 곳에 덕수궁 홍덕전 복원이 한창이고 곧이어 흥복전 복원이 예정되어 있다. 일본의 조선저축은행 간부 사택이 들어섰던 곳에는 2030년부터 조선 왕조의 신성 공간인 덕수궁 선원전 복원이 예정되어 있다.

2 경복궁 복원

태조는 1392년 개경(현재의 개성) 수창궁에서 즉위해 조선을 건국한 후 이듬해 새로운 도읍지로 한양을 정하고 정도전 등으로 하여금 종묘, 사직, 궁궐, 시장, 도로의 터를 정하게 했다. 새로운 궁궐은 다음 해에 완성되었는데, 정도전은 태조의 명에 따라 새 궁궐의 이름을 경복궁이라 하고 각 전각의 이름을 지어 올리면서 궁궐의 성격을 정의했다.

> 궁궐은 임금이 정사하는 곳이요, 사방에서 우러러보는 곳입니다. 신민(臣民)들이 다 조성한 바이므로, 그 제도를 장엄하게 하여 존엄성을 보이게 하고, 그 명칭을 아름답게 하여 감동되게 하여야 합니다.
>
> 출저: 조선왕조실록, 태조 4년 10월 7일, 두 번째 기사

정도전의 말처럼 궁궐은 임금이 살면서 정치하는 곳으로 백성이 우러러보며 왕조의 존엄과 권위를 보여주던 조선의 상징이었다. 궐내에는 각종 전각과 부속 건물, 정자가 빼곡히 들어차 기와지붕들이 물결치듯 중첩되어 장관을 이루었다.

경복궁은 북악을 배경으로 한 넓은 평지에

광화문에서 시작하는 남북 축을 따라 중심 전각이 나란히 배치되어 있다. 남쪽 광화문에서 시작된 경복궁의 축은 두 번째 문인 흥례문, 세 번째 문인 근정문을 거쳐 궁궐의 으뜸 전각인 근정전에 이른 후 임금의 집무실인 사정전과 침전인 강녕전, 왕비의 거처인 교태전까지 북쪽으로 이어진다. 지리적으로 경복궁이 한양의 서북쪽으로 조금 치우쳐 있었지만, 경복궁의 중심축이 광화문의 월대를 따라 남쪽으로 궁궐 밖으로 뻗어 한양의 중심축이 되었다. 이 축선을 따라 조성된 광화문 앞 육조 거리 좌우로는 조선의 핵심 관청인 육조(六曹)가 늘어섰다.

경복궁은 선조 25년(1592) 임진왜란으로 불타고 270년 이상 폐허로 남아 있었다. 전쟁 후 경복궁을 중건하자는 상소가 여러 번 있었으나 나라 사정이 여의찮아 받아들여지지 않았다. 고종 2년(1865)에 이르러서야 왕실의 권위를 되살리고자 했던 흥선대원군이 주축이 되어 중건을 시작해 고종 5년(1868) 임금이 창덕궁에서 경복궁으로 이어함으로써 완료되었다.

그러나 270년 이상 기다려 조선의 으뜸 궁궐로 거듭 탄생한 경복궁의 영광은 너무나 짧았다. 일본에 나라를 빼앗긴 1910년 이후, 경복궁은 일제에 의해 '경복궁 정리'란 이름으로 급격하게 훼손되기 시작했다. 1910년,

《대한매일신보》 5월 1일 자 신문에 따르면, 경복궁 전각 4000여 칸〔間〕이 경매에 넘겨져 방매되었는데, 이는 경복궁 전체의 약 3분의 2에 해당하는 규모이다. 이 시기에 철거된 전각들은 근정전과 내전, 동궁을 비롯한 경복궁의 주요 전각을 제외한 대부분이 해당한다. 일제는 이를 두고 "구태는 일변하였다."라는 말로 정당화했다.

조선총독부는 1915년 조선 통치 5주년을 기념해 '시정 5년 기념 조선물산공진회'라는 이름의 대규모 박람회를 경복궁에서 개최했다. 조선물산공진회 부지로는 근정전 남쪽 대부분이 해당했으며 광화문은 박람회의 정문으로 사용되었다. 이때 훼손된 전각으로는 흥례문을 포함한 회랑과 왕세자의 거처였던 자선당을 비롯한 동궁 지역으로 총 건평은 792평에 달했다. 이 건물들은 1910년의 경우와 같이 공매에 의해 팔려 나갔다. 특히, 자선당은 이때 조선에서 활동하던 일본인 사업가 오쿠라 기하치로(大倉喜八郎, 1837~1928)가 일본으로 반출해 그의 집에 다시 지어 다실로 이용했다.

일제는 경복궁의 으뜸 전각인 근정전 앞에 1916년 7월부터 1926년 10월까지 10년간의 공사를 거쳐 조선총독부 청사를 세웠다. 근정전의 높이가 25m, 폭이 54m인 데 비해 이를 가로막은 조선총독부 청사는 높이가 54m, 정면의 폭이 128m로 근정전을 압도했다. 이어서 1927년, 일제는 조선총독부 청사 앞에 있던 광화문을 경복궁 동쪽 건춘문 북쪽 담장으로 옮겨 육조 거리에서 보이는 경복궁의 정면을 광화문에서 조선총독부 청사로 바꾸었다. 철근콘크리트 구조체에 화강암을 외장으로 붙인 4층의 조선총독부 청사는 목조 건축물로 가득 찬 경복궁에 위압적인 이방인이었다. 이로써 일제는 조선의 상징이었던 경복궁을 한반도 침략의 상징인 조선총독부 청사로 가로막았다.

일제강점기에 창경원으로 격하된 창경궁은 해방 이후에도 동물원과 식물원으로 계속 사용되다가 1977년 서울시에서 '남서울대공원 조성계획'을 세워 창경원의 동식물을 인수하기로 해 창경궁을 복원할 계기가 마련되었다. 1982년, 문화재관리국(현 국가유산청)이 '창경궁 복원 계획'을 수립했는데, 그 목적은 "일제의 침략 정책에 의거 격하된 현 창경원을 공원으로서의 위락 기능을 중지시키고 궁 본래의 모습인 창경궁으로 복원하여 역사 교육의 도장으로 조성하는 것"이었다. 창경궁 복원의 기본 방침은 궁(宮)의 기본적인 모습을 갖추는 것이었다. 이를 위하여 일제강점기에 없어진 문정전과 빈양문 등을 다시 세우고 관리가 제대로 되지 않아 낡고 퇴락한 통명전과 양지당 등을 수리하고 동물사와 놀이 시설 등을 철거해 1986년 복원을 완료했다.

1990년, 정부는 '경복궁 복원 계획'을 발표했다. 이에 따라 구 조선총독부 청사 처리 문제가 찬반양론으로 논쟁의 중심에 섰다. 1993년 당시 김영삼 대통령은 "우리 민족의 자존심과 민족정기의 회복을 위해서는 조선총독부 건물을 가능한 한 조속히 해체하는 것이 바람직하다는 결론에 도달했다."라고 선언했다. 구 조선총독부 청사는 1995년 철거되었다.

구 조선총독부 청사 철거와 함께 경복궁 복원에서 핵심은 광화문 복원이었다. 일제에 의해 건춘문 북쪽 담장으로 옮겨진 광화문은 한국전쟁 중 폭격으로 문루가 불타고 그 밑을 받치고 있던 홍예 석축만 남아 있었다. 1966년, 박정희 대통령은 당시 정부 청사로 이용하던 구 조선총독부 청사 앞에 광화문을 다시 세우라고 지시했다. 1960년대 당시 빈궁한 나라 살림에 정부 청사를 건립할 형편이 못 되어 부득이 구 조선총독부 청사를 사용하고 있었는데, 외국에서 손님이 올 때마다 이 건물에 관심을 보여 박정희는 매우 곤혹스러웠다. 이때 최순우 당시 국립박물관장이 광화문을 다시 세워 구 조선총독부 청사를 가리자고 제안했다. 그러나, 1968년 다시 세운 광화문은 본래의 위치가 아니었고 박정희 대통령이 선호한 철근콘크리트 구조였다. 이에 경복궁 복원 계획에 따라 광화문은 2010년 원래의 위치에 전통 목구조로 복원되었다. 광화문 복원 중 현실적인 어려움은 경복궁 주변의 교통 문제와 연관된 월대 복원이었다. 광화문 월대는 길이가 52m, 폭이 29.5m에 이르는 장방형으로 광화문 앞에서 육조 거리 방향으로 뻗어 있었고, 월대 남쪽 끝 양쪽 30m 앞에는 해태상 한 쌍이 놓여 있었다. 월대를 포함한 광화문을 원위치에 복원하기 위해서는 1968년의 광화문 앞 도로를 100m 이상 남쪽으로 이동해야 한다. 광화문 월대 복원은 2023년에야 광화문 앞 도로를 남쪽으로 50m 이상 이동시켜 곡선화함으로써 완료할 수 있었다. 이때에도 도로 사정을 헤아려 월대 앞 해태상은 제자리에 가지 못하고 월대 바로 앞으로 이동해야 했다.

3 궁궐 복원과 집단기억

조선의 궁궐, 특히 경복궁을 복원하는 것은 서울의 근원과 정체성을 되찾는 일이다. 정도전을 비롯한 조선의 설계자들이 한양을 조선의 도읍으로 정한 후 가장 먼저 물색한 것이 궁궐 자리였다. 한양은 고대 중국의 도시계획 규범에 따라 좌묘우사(左廟右社)의 원칙을

지켰다. 즉, 경복궁에서 남향하고 바라볼 때 왼편(동쪽)에 종묘를 오른편(서쪽)에 사직을 두었다. 또, 광화문부터 교태전까지 경복궁의 축선을 광화문 월대 밖 남쪽으로 연장해 육조 거리를 만들고 조선의 주요 관아를 양옆으로 배치함으로써 경복궁의 축이 곧 한양의 축이 되었다. 한양을 계획한 모든 기준이 경복궁이었으니 경복궁이 한양 도성의 중심이자 근원이었다. 일제는 이러한 경복궁의 근원적 특성을 없애려고 조선총독부 청사로 경복궁 앞을 틀어막아 서울의 축을 무너트렸다.

복원된 궁궐의 모습은 한국인은 물론 외국인에게도 한국의 역사와 문화를 배우고 체감하는 기회를 준다. 옛 건축물에 둘러싸여 있는 것은 그와 관련된 과거를 배우는 매우 훌륭한 방법이다. 일제에 의해 훼손된 채 남겨진 빈터와 그들이 세워 놓았던 시설물만 궁궐 마당을 차지하고 있다면 그곳을 찾는 사람들의 눈에는 500년이 넘는 조선의 역사보다는 36년 일제강점기의 과거만 도드라질 것이다. 조선의 역사적 분위기를 느끼기 위해서는 그에 걸맞은 옛 건축물이 필요하고 궁궐 복원은 이를 위한 것이다.

궁궐 복원은 한국인의 정체성을 높이는 것이다. 과거의 나에 대한 확신은 현재의 나에 대한 확신에 필수적이기에 과거는 우리의 정체성에 필수적인 요소이다. 옛것은 우리의 기억을 되살리며 우리가 누구인지 알려 준다. 개인 차원에서 우리는 각자의 기억을 통해 자신이 경험한 과거를 떠올린다. 그러나, 국가와 같은 공동체 차원에서는 공동체의 구성원이 함께 가지는 '집단 기억'이 공동체의 과거를 규정한다. 개인의 기억은 자신의 일생에 국한하지만, 집단 기억은 여러 세대를 포괄한다. 국가는 다양한 세대의 수많은 개인으로 구성되어 있는데도 집단 기억이 가리키는 대로 과거를 바라보기 때문이다. 기억은 현재의 관점에서 과거를 바라보는 것이어서 과거와 현재가 함께하므로 과거와 현재를 이어 주는 끈으로서 사회의 연속성과 우리의 정체성에 필수적이다. 개인의 기억이 직접 경험으로 형성되는 '실상'인 것과는 달리, 집단 기억은 앞선 세대로부터 전해 들은 간접 경험과 교육을 통해 형성되는 '개념적인 허상'이어서 물리적인 실체로 보완할 필요가 있다. 이때 가장 유효한 수단이 집단 기억과 연관시킬 수 있는 옛것, 즉 문화유산이다. 그러므로, 궁궐 복원은 한국인의 '집단 기억'을 되살리는 물리적 실체를 복원하는 일이다. 일제가 조선의 궁궐을 파손한 것은 조선인이 공유한 '집단 기억'의 물리적 실체를 없애 조선인의 정체성을 말살하기 위해서였다.

궁궐 복원은 한국의 민주주의 발전에 기여했다.

1968년 북한이 침투시킨 124부대의 청와대 습격 시도 이후 안보상의 이유로 북악산을 포함한 경복궁 북쪽 지역에 일반인의 접근이 허용되지 않았다. 그러나, 경복궁 복원을 계기로 이 모든 곳이 대중에게 개방되었다. 문화유산을 복원한다는 것은 개방을 전제로 하기 때문이다. 1961년부터 청와대 경비를 위해 경복궁 내 북서쪽에 주둔하고 있던 군부대가 1996년 서울 외곽으로 이동하고 그곳에 궁궐의 장례 공간인 태원전이 복원되었다. 이 부대는 1979년 '12·12 군사 반란'의 주력 부대였다. 이에 따라 '접근 금지'라는 권위적 문구가 서울 도심에서 대부분 사라졌는데, 그 시발점이 궁궐 복원이었다. 민주주의는 '출입 금지'와 '통제'가 아니라 '개방'과 '자율'이기 때문이다.

궁궐의 복원은 '국가 발전'에 대한 자신감의 표현이다. 진보에 대한 믿음은 과거를 향상하려는 욕망에 내포되어 있다. 한국의 발전은 정치 안정과 경제성장으로 설명할 수 있다. 1945년 독립과 1948년 정부 수립 후, 한국은 1980년대까지 독재정치와 군사쿠데타로 정치 불안을 겪었다. 그러나 민주주의를 향한 대중의 지속적인 갈망과 저항으로 1988년 이후에는 자유로운 직접선거로 대통령을 선출할 수 있게 되었고, 그 후 평화로운 정권 교체가 이루어지고 있다. 한국은 일제의 식민 수탈과 한국전쟁의 전화를 극복하고 경제성장을 이룩해 1996년에는 경제협력개발기구(OECD)에 가입해 선진국 대열에 합류했다. 1962년 1인당 국민총소득(GNI)이 120달러에 불과했던 것이, 1981년에 2,030달러, 2001년에 1만 1950달러, 2021년에는 3만 5110달러에 이르렀다. 문화유산을 복원하기 위해서는 경제력이 뒷받침되어야 한다. 사회가 혼란스럽고 먹고살기 힘든 궁핍한 상황에서는 현재의 삶에 급급해 과거를 돌아볼 여유를 찾기 어렵다. 한국은 1970년대 이후 비약적인 경제 발전과 1980년대 후반 민주주의 정착이 현실에 대한 자신감으로 작용해 미래를 향한 또 한 번의 도약을 위해 왜곡된 과거를 바로잡을 필요가 있었다.

관광의 관점에서, 궁궐 복원은 한국 관광산업의 인프라를 확장하는 것이다. 경제성장과 함께 한국의 관광산업도 폭발적으로 성장했다. 외국인 방문자 수가 1981년에 약 100만 명, 2001년 500만 명, 2019년에는 1800만 명에 달했다. 문화유산 관광은 오늘날 관광 산업에서 핵심이다. 사람은 자신과 다른 지역에 사는 사람의 역사와 문화를 보고 배우고자 하는 타고난 욕구가 있다. 국내 관광에서 문화유산은 자기 역사에 대한 국가적 자긍심을 높이고, 해외 관광에서 문화유산은 다른 문화를 이해하고 존중하는 계기가 되어 국제 평화에 기여한다. 문화유산 관광이 중요해짐에 따라 한국의 역사와 문화를 보고 배울 수 있는 관광지에 대한 수요가 늘어났다. 한국 관광에서 조선의 도읍지였던 서울은 핵심 지역이고 궁궐은 서울 도심의 역사적인 근원이다. 그러므로, 폭발적으로 성장하고 있는 관광 인프라 확충을 위해서라도 궁궐 복원은 반드시 필요하다.

궁궐 복원은 한국인의 자존심을 회복하는 과정이다. 조선이 멸망한 지 한 세기가 넘었지만, 한국인들은 여전히 조선의 궁궐에 경외감을 가지고 있다. 1970년대 이후 경제성장으로 서울에서 부동산 개발 압력이 비등했을 때도 궁궐은 예외였다. 해방 이후 한동안 궁궐이 일제강점기 때처럼 놀이 공간으로 이용되었으나 곧 이에 대한 비판과 반성의 목소리가 높아졌다. 이에 따라, 정부가 일제강점기에 훼손된 궁궐을 복원하고자 했을 때 제일 먼저 시작한 궁이 창경궁이었다. 일제가 창경궁을 그 이름마저 '창경원'으로 바꾸어 유희 공간으로 만든 것을 한국인들은 궁궐의 존엄성과 함께 한국인의 자존심을 훼손한 것으로 여겼기 때문이다. 또한, 경복궁 앞을 가로막고 있던 옛 조선총독부 청사 앞에서 일본인들이 자랑스러운 듯 사진 찍는 광경을 한국인들은 못마땅해했다. 『김영삼 회고록 1』에 따르면, 김영삼 전 대통령은 야당 의원이었던 시절, 일본 국회의원이 자신의 집에 총독부 건물을 배경으로 찍은 사진을 걸어 놓은 것을 목격하면서 상당한 모멸감과 치욕을 느꼈던 경험을 회고한 바 있다.

4 과거를 창조할 권리

1983년 시작된 창경궁 복원을 시작으로 1990년대 이후 경복궁과 창덕궁 등 조선 궁궐 복원이 대부분 완료되어 일제강점기 동안 훼손되었던 경복궁, 창덕궁, 창경궁은 어느 정도 옛 제도를 알 수 있게 되었다. 그러나 덕수궁과 경희궁은 그 영역이 대부분 깎여 나가는 등 너무 심하게 훼손되어 옛 모습을 짐작하기조차 어렵다. 상처 입은 피부에 상흔이 남듯 다른 민족에게 유린당한 과거 또한 흉측한 상흔으로 남는 법이다. 일본 제국주의에 유린당한 상흔을 치유하고 오늘날의 관점에서 바람직한 과거를 만들어 가는 것은 현재를 살아가는 우리의 몫이다. 매 시대 역사가가 역사를 새롭게 쓰듯 우리는 이 시대의 가치관과 미래에 대한 비전으로 바람직한 과거를 창조할 권리가 있다. 없었던 것을 그럴듯하게 만들어 조작하자는 것이 아니라 수많은 과거의 흔적 중 현재와 미래를 위해 바람직한 것을 앞으로 드러낼 뿐이다. 이러한 차원에서, 조선 궁궐을 짓밟았던 36년 일본 제국주의의 흔적을 들어내고 500년 넘게 이어졌던 조선의 상징인 궁궐을 복원하는 것은 이 시대를 사는 한국인의 정당한 권리이다.

대한제국기 덕수궁 선원전의 정원과 수목 이야기

소현수 서울시립대학교 조경학과 교수

자연 안에서 만들어진 경관, 자연유산을 다루는 전통조경 이해하기

사람들은 '문화재(文化財)'라는 말에서 고리타분하고 어렵다는 이미지를 떠올린다. 또한 전문가로서 개발 행위로 인한 현상 변경 관련 자문 현장에서 만나는 실무자들 다수가 문화재 영역에 배타적이다. 문화재를 원형 보존 중심의 태도로 다룸으로써 융통성이 없는 철옹성으로 여겨졌을 것이라고 예측할 수 있다. 이렇게 인식된 '문화재'를 대신해 2024년 문화재청은 세계유산으로 대표되는 국제적 규범에 발맞추어 '국가유산' 체제로 바꾸었다. '인간이 바라는 바를 충족시켜 주는 물건'인 재화(財貨)로서 현재성에 관심을 둔 개념이 미래지향적 가치를 표명한 유산(遺産)으로 전환된 셈이다.

더불어 '문화재청'이라는 이름을 바꾼 국가유산청은 국가유산을 문화유산, 자연유산, 무형유산으로 분류했다. 여기에서 자연유산은 순수 자연을 넘어서며, 역사적, 경관적, 학술적 가치를 지님으로써 가치판단이 개입된 철학적 영역을 포괄한다. 즉 천연기념물에 해당하는 동·식물, 지형, 지질, 광물 등 자연 상태에 국한하지 않고, 역사 속에서 민족의 삶과 관련된 풍속,

관습, 사상, 신앙 및 문화 활동이 엮여 있는 자연이다. 원시적 자연보다 인간의 필요에 따라 다양한 것이 덧대어지며 변형된 결과가 우리가 보편적으로 마주하는 자연인데, 그러한 측면에서 그동안 관리 방식이 모호했다. 건축, 유적, 고고 자료를 다루는 문화유산과 차별적 대상으로서 자연경관, 역사문화경관, 복합경관을 바람직하게 관리해야 한다고 인식한 것이므로 이번 개편은 자연유산의 확장된 개념 접근에 큰 의미를 둘 수 있다.

자연유산은 기후 환경을 토대로 한 지역 주민의 생활과 밀접하게 관련되어 독특한 모습을 보여 줌으로써 매력적인 경관이 되는데, 차별적인 여러 환경적 인자에 영향을 받아 민족과 국가의 정체성을 담고 있기 때문에 관광자원으로서 부가가치가 높다. 그러므로 고유 경관의 본질적 가치를 잘 보존하고, 새롭게 발견할 수 있는 장으로 다루어져야 한다. 이와 관련하여 '자연유산의 보존 및 활용에 관한 법률'에서 전통조경을 "우리나라 고유의 역사·문화·사상 등을 담아 수목을 식재하거나 건축물을 배치하는 등 전통적인 기법으로 외부공간을 조성하는 것"이라고 정의함으로써 제도적으로 전통조경 분야의 전문성을 인정했다. '경관(景觀)를 만드는' 조경(造景)의 핵심이 되는 식물은 건물이나 시설과

달리 생명력이 있기 때문에 지속적으로 형태 변화를 겪는다. 특히 두꺼운 시간의 층위를 전제로 하는 역사 공간에서 식물의 성장과 쇠퇴에 따른 변화는 극명하므로 이를 다루는 데 전문성이 요구된다. 몇 가지 사례를 소개하고자 한다.

경상북도 봉화의 닭실마을은 닭이 알을 품은 듯한 길(吉)한 형세라는 금계포란형(金鷄抱卵形) 명당에 자리하는데, 종택의 별서 청암정(靑巖亭)과 함께 명승으로 지정된 석천(石泉)계곡 주변 소나무숲 사이 오솔길을 걸어서 마을로 들어서게 된다. 안동 권씨는 이곳에 석천정사를 짓고 자연스럽게 굽이치는 계류와 하얀색 암반이 펼쳐진 천연의 아름다운 정원을 즐겼다. 그런데 근래에 기후변화로 여름 수해를 크게 겪고 나서 계곡 방향으로 기울어져 성장한 소나무들이 쓰러지는 바람에 조경 정비 사업이 이루어진다. 자연의 생명력에 대응해 적정한 경관을 유지하기 위한 고민이 필요하다. 소소하지만, 소나무숲에서 계곡을 바라보며 쉴 수 있는 의자가 놓여 있는데, 속세와 동떨어진 무릉도원을 떠올릴 만한 자연이 충만한 곳에 어울리는 디자인을 잘 선택하는 것도 조경의 몫이다.

한편 전라남도 구례 지리산 자락에는 18세기 양반 가옥인 운조루(雲鳥樓)가 있는데, 대문 밖을 조망하기

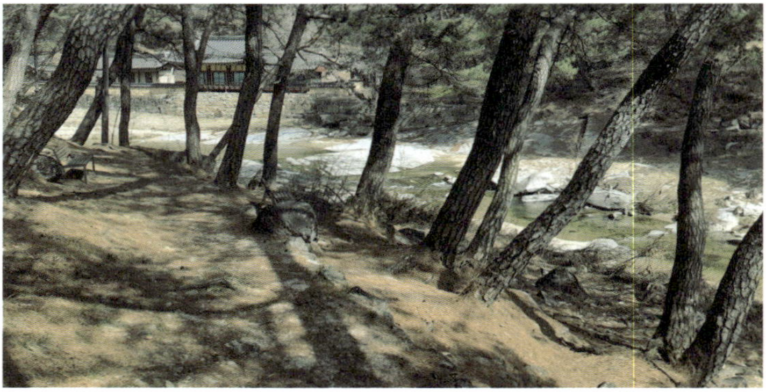

봉화 석천계곡 소나무숲 사이 오솔길과 의자

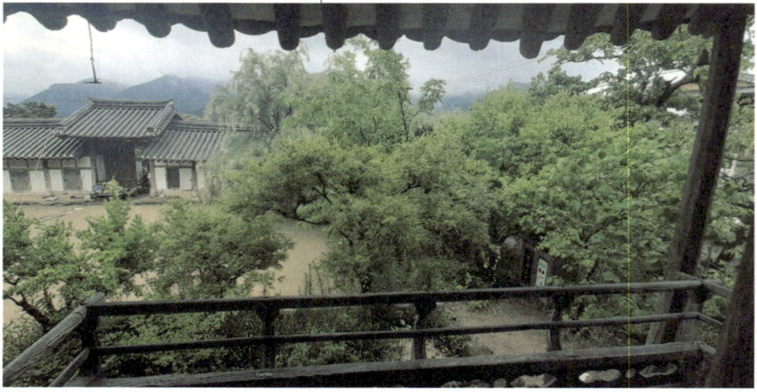

구례 운조루 앞 수목으로 가로막힌 조망

위해 사랑채에 부속된 2층 높이 마루에 붙인 이름이다. 하지만 사랑마당에 식재된 수목들이 훌쩍 자라서 앞쪽 행랑채 지붕 너머 산을 가로막고 있다. 자연과 소통이 중요했던 우리의 유산에 대한 적극적 관리가 요구됨을 알 수 있다. 전통조경은 국가유산의 원형 경관을 고증해 해당 공간의 정체성을 확인하는 작업을 수행하는데, 과거 선조의 공간 철학과 조성 의도, 물리적 형태와 조성 기법을 밝혀 적절한 설계, 시공, 관리가 이루어지도록 역할한다. 이때 자연 안에서 만든 공간 규범을 따른 심미적 경관을 추정할 수 있는 전문적 창발성이 필요하다.

보편타당한 상상력으로 덕수궁 선원전의 정원 만들기

다음 이야기로 사라진 궁궐의 식생 경관을 구상한 작업을 소개하고자 한다. 그 대상은 경운궁의 서북쪽 '영성문(永成門) 대궐'로 불렸던 덕수궁 선원전 영역이다. 이곳은 궁궐에서 가장 신성한 공간인 조선 왕실의 사당으로서 제례 기능을 담당했다. 경운궁 내 선원전 화재로 1901년 바깥쪽 부지를 마련하여 중건한 것인데, 고종 승하 후 창덕궁에 거한 순종이 신선원전을 건립하면서 1920년에 이곳의 전각은 완전히 훼철되었다.

무척 짧은 시간 동안 존재했으니 우리에게 생소할 수밖에 없다.

덕수궁 선원전 영역은 선왕들의 초상화인 어진(御眞)을 모셨던 선원전(璿源殿), 국상 시 상여가 나갈 때까지 왕과 왕비의 관인 재궁(梓宮)을 모시는 빈전(殯殿)으로 사용한 흥덕전(興德殿), 국장(國葬) 뒤 3년 동안 신주를 모신 혼전(魂殿)으로 사용한 흥복전(興福殿)으로 구성되어 부지 대부분이 전각으로 채워졌다. 훼철 후 오랜 시간 다른 용도로 사용되다가 2011년 국가유산청이 부지를 매입하고 발굴 조사를 거쳐 복원 정비 공사를 진행하고 있다. 짧은 시간성에 초점이 맞추어진 복원 사업 결정이 적정한가라는 입장도 있지만, 대한제국기 정치 외교의 주무대이자 근대가 공존하는 덕수궁에서 왕실의 제례 의식이 이루어졌던 상징적 장소성을 지닌다.

과거의 공간을 복원하기 위해 선행되는 문헌 고증과 계획으로서 2020년 「덕수궁 선원전영역 조경 복원정비 종합계획 연구」의 연구책임을 맡게 되면서 '덕수궁 회화나무'를 처음 만났다. 휑하게 전각 하나 없이 비어 있는 땅에 유일하게 남아 있는 회화나무 노거수의 생명력이 경이롭기 그지없었다. 감격과 감탄을 뒤로하고 당시 이곳에 회화나무 1주만 있었을 리 없으니 이 공간에 있었음직한 수목들을 찾아내야 했다. 전각은 발굴 조사로 많은 부분 실체에 다가설 수 있지만, 식물의 고증은 쉽지 않다. 순조 때 창덕궁과 창경궁을 조감도 형식으로 그린 「동궐도(東闕圖)」가 가장 이상적인데, 경복궁에도 없을 정도로 건물과 수목이 함께 그려진 그림은 흔하지 않다. 다행히도 대한제국기라는 근대성은 공간 정보가 수치화된 지도와 사진이라는 실증 가능한 자료를 제공하지만, 건물 배치도처럼 식물의 배치는 상세하게 기록되지 않았다. 따라서 과거의 식생 경관을 추정하는 작업에는 보편타당한 창의적 발상이 포함되곤 한다.

작업은 「덕수궁 선원전 복원정비 기본계획」(2014) 보고서에 '상림원'이라고 명시한 선원전과 흥덕전 배후 숲의 정체성을 파악하는 것으로 시작했다. 현재 정동공원의 구 러시아 공사관 터 옆 '정동상림원'이라는 빌라 단지의 이름이 붙여졌으며, 다수의 조선 시대 도성도(都城圖)에서 담장으로 두른 이 일대를 상림원이라고 표기했다. 상림원(上林苑)은 중국 고대 제왕이 누렸던 광활한 정원인 원유(苑囿)를 지칭하는데, 조선 시대에도 이 명칭을 사용한 것이다. 본 연구에서 구릉에 형성된 이곳이 풍수적으로 지세를 보호하고 민간인이 경희궁을 들여다보지 못하도록 출입을 막은 녹지의 효용을 가진 숲으로서, 경희궁에 부속된 외원(外苑)이라는 사실을 규명했다. 근대 사진 여러 장에서 녹지를 감싸고 있는 파편화된 담장의 형태를 추출해 수치지형도에 외원의 물리적 경계를 그리는 작업은 퍼즐을 완성시킨 성취감을 주었다. 결과적으로 선원전 영역의 배후림은 조선 시대 문헌에서 '함춘원(含春苑)'이라고 기록한 경희궁 외원 바깥쪽 부지에 새로 조성한, '상림원'과 다른 녹지라고 밝혀 기존의 오류를 바로잡았다.

다음 과정은 넓은 면적의 배후림을 구성했던 수목을 찾는 것인데, 1915년 제작된 지형도 「측도 경성」에서 3개로 구분된 녹지에서 유실수와 상록수 기호를 발견했다. 조경 학술 용역의 두 번째 성과인 셈이다. 이를 근간으로 하여 유실수원에는 제례에 사용되었을 감나무, 대추나무, 배나무를 포함해 매화나무, 살구나무, 앵두나무와 같은 전통 유실수를 선정하고 「동궐도」에 묘사된 창덕궁 유실수원을 참고해 식재 계획을 수립했다. 또한 상록수림은 우리나라에서 잘 가꾸어진 보편적인 전통 숲의 임상으로 소나무림이 타당하다고 판단했으며, 동일한 조선 시대 제례 공간인 영흥 준원전(濬源殿), 강화 장녕전(長寧殿) 등에서 소나무 배후림을 확인했다.

또한 「덕수궁 평면도」(1910)에서 이전 보고서에서 표현되지 않은 녹지 경계 구조물의 선형을 인지하여 전각과 배후림의 높이차를 해결하는 화계와 식생 계획을 제안했다. 그런데 2024년 발굴 조사 중 경복궁 교태전이나 창덕궁 낙선재 후원의 화계에 사용된 장대석이 아닌 사고석을 가지런히 쌓은 온전한 화계가 그 모습을 드러냈다. 마주하는 순간, 우리가 장대석으로 작성했던 도면을 떠올리며, 실수했으니 어쩌지 하는 걱정보다는, '아! 그 당시 이것으로 선택했구나!' 하고 탄복했다. 2차원 평면도가 3차원으로 실재하며 한순간에 선명해진 명쾌함이었다. 옛 모습에 한 발 다가서며 얻게 된 즐거움으로 덕수궁 선원전 영역을 향한 애정을 키웠다.

배후림에는 수목 식재뿐 아니라 통로도 만들었는데, 이는 수목이 잘 자라도록 관리하는 데 반드시 필요하고 더불어 방문자들이 숲을 거닐 수 있도록 배려한 것이다. 물론 과거의 지형도에는 표현되지 않았으며, 조선 시대에 제대로 정비된 길이 없었을지 모른다. 과거의 공간에 현재 여건과 요구를 반영하여 합리적 접점을 찾은 셈이다. 봄날 매화나무, 살구나무, 앵두나무에서 꽃이 피고, 가을날에는 노랗고 붉은 열매와 단풍이 아름다운 길이 사시사철 푸르른 소나무숲으로 이어진다.

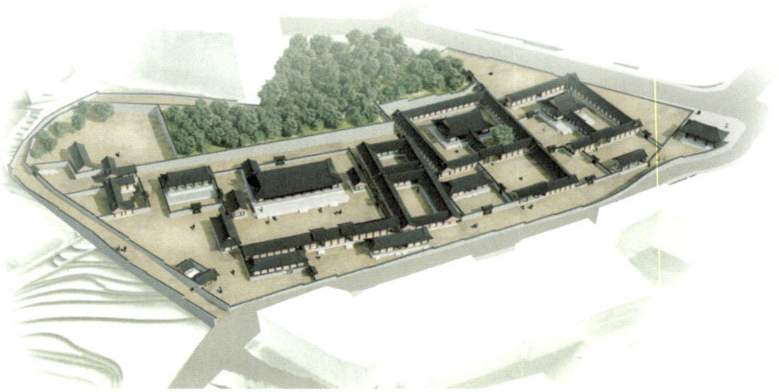

「덕수궁 선원전 복원·정비 기본계획(2014)」 조감도

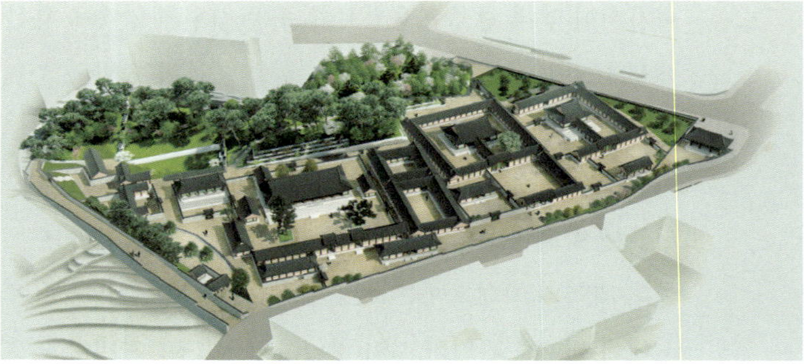

「덕수궁 선원전영역 조경 복원·정비 종합계획 연구(2020)」 조감도

담장과 전각들로 가득 채워진 건조한 환경에서 숲속 계절 경관의 체험이 이곳을 찾은 사람들을 잠시나마 행복하게 만들어 줄 것이다. 생명을 불어넣은 조경 작업 결과물로서 기존 조감도를 한층 생동감 있는 모습으로 바꾸었다.

감수성을 만드는 생태 환경으로서 역사경관림의 매력에 관심 갖기

고도(古都) 신라의 경주 대릉원 목련, 그리고 백제의 부여 가림성 느티나무는 대중이 찾아낸 포토존으로 유명세를 타면서 명물이 된 수목 자산이다. 사찰 가는 길에 키 큰 전나무들이 쭉 늘어선 평창 월정사, 합천 해인사, 부안 내소사와 개암사는 숲길로 사랑받는다. 이렇게 특정 수목과 역사 경관이 연결되곤 하는데, 오래된 콘텐츠로서 공자가 제자를 가르쳤던 장소라는 중국 고사에서 유래한 행단(杏壇)으로 '학자수(學者樹)'라는 상징성이 명료한 은행나무를 떠올릴 수 있다. 고려 시대 건축인 아산 맹씨행단, 영양 서석지(瑞石池), 해남 녹우당(綠雨堂), 그리고 서울 성균관, 달성 도동서원과 정읍 무성서원 등 교육기관인 서원과 향교 여러 곳에 산재한다. 이와 다른 분위기를

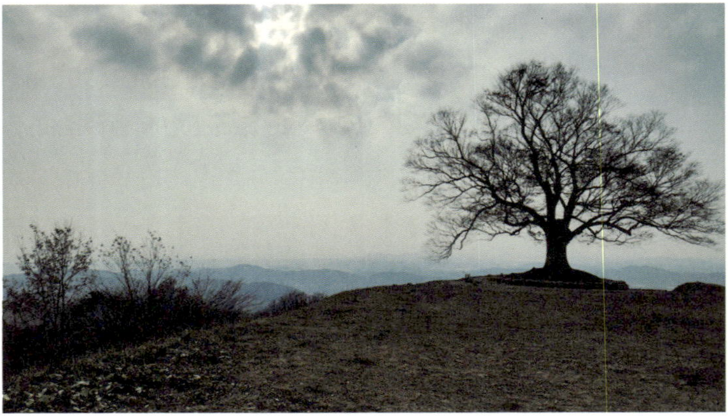

부여 가림성 느티나무 '사랑나무'

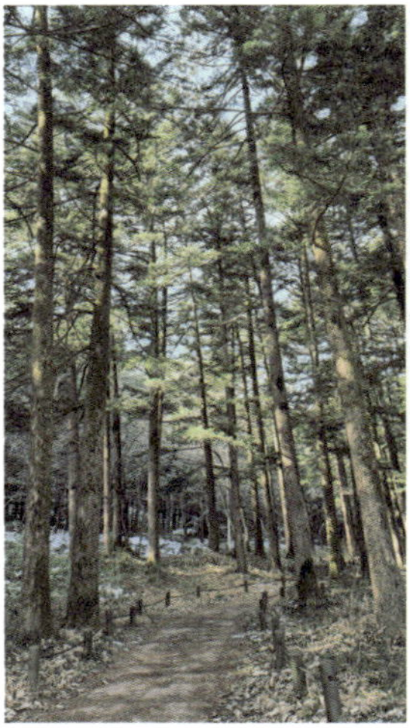

부안 개암사 전나무숲길

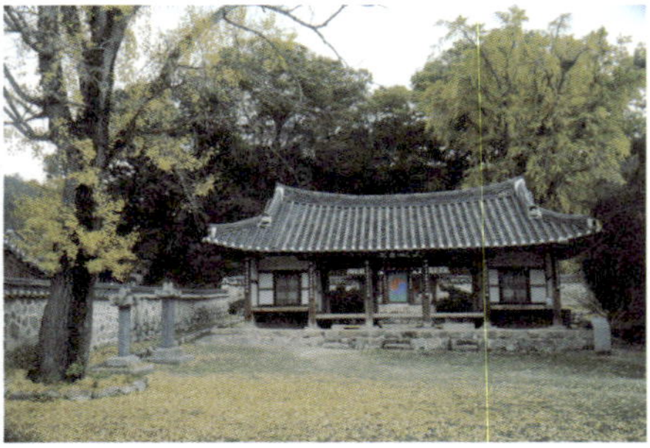

정읍 무성서원의 은행나무

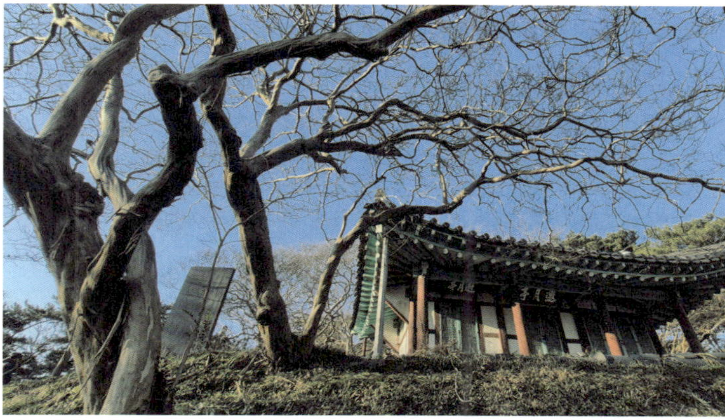

장성 요월정 원림의 배롱나무

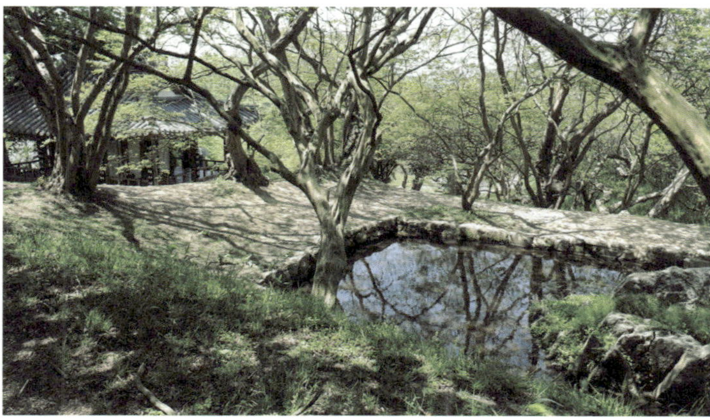

담양 명옥헌 원림의 배롱나무

보여 주는 사례로서 매끈한 수피와 구불구불하게 자라는 줄기의 생김새가 기묘한 배롱나무가 있다. 담양 명옥헌(鳴玉軒) 원림과 장성 요월정(邀月亭) 원림의 배롱나무숲은 속세와 다른 신선 세계를 표현하는데, 무릉도원의 복숭아나무와 견주어 다를 바 없다.
이외에도 수목으로 매력을 가진 역사적 장소들이 셀 수 없이 많다. 이런 식생경관은 과거 누군가가 의도한 것이며, 우리는 그가 상징적으로 드러낸 정신세계에 호감을 느끼고 심미성에 공감하는 것이다. 덕수궁 선원전 영역의 복원이 완료되면, 오랜 이야기를 품은 덕수궁 회화나무도 대중에게 사랑받게 될 것이다.
명승으로 지정된 강진 백운동(白雲洞) 원림에는 다산 정약용이 설정한 아름다운 장면 12경(景)이 있다. 동백나무(제2경 산다경), 소나무(제7경 정유강), 모란(제8경 모란체), 단풍나무(제10경 풍단), 대나무(제12경 운당원) 등 감상의 주요 대상이 식생경관이다. 제3경 '백매오(百梅塢)'는 흰 꽃을 피우는 매화나무가 아니라 다량의 매화나무를 지칭한다. 그러나 비어 있던 원림을 복원하면서 매화나무 경관을 제대로 연출하지 못했다. 이른 봄 오롯이 꽃을 먼저 피워 고상한 절개와 절조로 의인화된 매화의 군식(群植) 기록은 안동 도산(陶山)서당과 성주 회연(檜淵)서원 등 여러 곳에서 발견된다. 매화의 향기와 눈발 같은 꽃잎이 바다처럼 넘치는 '향설해(香雪海)'의 정경을 즐긴 것이다. 다소 생소하더라도 고증된다면, 과감하게 연출하는 것이 우리의 역할일 것이다.

국가유산청에서는 자연의 숲과 구분한 개념으로서 '역사경관림'이라는 명칭을 사용한다. 실제 정비 사업 대상으로 지칭되면서 수목 개별 단위까지 아우르고 있어서 '林'과 충돌된다. 그렇게 보면 명료하게 정의된 것은 아니지만, 역사경관림은 식물과 긴밀하게 관계된 역사 공간의 구조를 설명하기에 적절하다. 역사경관림을 전문적으로 잘 관리하면 자연생태계와 조화로운 유산 공간에서 시간에 따라 변화하는 다채로운 장면들을 만날 수 있을 것이다. 이른 봄밤 매화 향기〔暗香〕가 은근하고, 바람에 흩날리는 분홍빛 살구꽃이 어깨에 내려앉는다. 가을 모과나무와 감나무의 탐스러운 열매에 놀라고 바닥에 떨어져 반쯤 열린 밤송이가 반갑다. 겨울철 푸른 소나무를 하얗게 뒤덮은 눈 세상! 우리의 감수성을 자극하는 생태 환경의 필요가 역사 공간 속 식생 경관의 가치와 전통조경의 역할 인식에 대한 공감으로 이어지기를 기대한다.

도시의 역사적 유산, 그 보전과 활용 가치

심경미 건축공간연구원 선임연구위원

'거장의 시선, 사람을 향하다'

'영원한 여정, 특별한 동행'

2023년 9월 국립중앙박물관에서 동시에 진행된 두 전시의 타이틀이다. 전자는 영국 내셔널갤러리 명화전이었고, 후자는 우리나라 상형토기와 토우장식토기 전시였다. 두 전시의 티켓 박스 앞의 모습이 어떠했을까. 굳이 설명하지 않아도 미루어 짐작할 수 있을 것이다. 우연한 기회로 같은 날 두 개의 전시를 동시에 본 나의 소감은 두 전시 모두 너무나 좋았고 훌륭했다는 것이다. 4배의 티켓 가격 차이까지 생각하면 이렇게 좋은데 너무나 적은 사람들이 본 토기 전시가 무척 안타까웠다. 게다가 끝나는 날이 얼마 남지 않은 시점이라 더 많은 사람들에게 추천할 수 없어서 큰 아쉬움으로 남아 있다. 이 두 전시가 우리나라 고대 역사 문화유산에 대한 일반인들의 관심과 인식을 단적으로 보여 주는 게 아닐까 생각하니 조금은 씁쓸하다.

바쁘게 성장해 온 우리나라는 사실 최근에야 오래된 것들의 보존에 가치를 두는 듯하다. 내 생각에 아마도 그 기점은 3·1절 100주년인 2019년이 아닌가 싶다. 서대문형무소가 자리한 서대문공원을 많은 사람들이 가 보고 싶은 곳으로 꼽았던 그때, 서대문형무소 건물에 있는 엄청난 크기의 태극기 앞에서 많은 사람들이 사진을 찍고, 감시를 위한 감옥 모양의 외부 공간에서 게임을 하며 즐기던 생소한 모습. 그 속에서 우리의 어두운 역사를 회피하지 않고 기억하려던 시민들의 모습이 낯설면서도 인상적이어서 잊지 못할 선명한 기억으로 남아 있다.

이후 코로나가 전 세계를 덮치면서 여행 트렌드가 변화했다. 가치와 개성이 중시되는 사회 변화 속에서 비대면과 캠핑 등 소소한 '힐링 여행'에 관심을 가지면서 내가 가는 곳이 여행 명소가 되었다. 그 속에서 다수의 대중에게 주목받지 못했던 우리의 근대 역사, 역사 도시, 세계유산도 여행 명소가 될 수 있다는, 되고 있는 변화가 생겨났다. 고려청자나 반가사유상 등 한국 전통문화를 모티프로 한 국립중앙박물관 굿즈에 대한 인기몰이가 시작된 것도 이즈음부터였다. 이러한 인기몰이가 한국 전통문화에 대한 관심이 높은 MZ세대의 마음을 공략한 결과라는 점은 놀라우면서도 고무적인 일이다.

제도 역시 변하고 있다. 「문화유산의 보존에 관한 법률」[4]은 문화유산의 보존에 중점을 두고 이를 위해 주변 지역에 규제를 해 온 대표적인 법이다. 이로 인해

4) 기존의 「문화재보호법」이 개정된 명칭이다. 2024년 5월 '문화재'라는 용어가 '문화유산'으로 변경되면서 관련된 법률 명칭이 바뀌었다. '문화재청' 역시 '국가유산청'으로 명칭이 변경되었다.

많은 사람들이 중요한 법이라고 생각하지만 동시에 재산권을 침해받는다고 생각해 싫어하기도 하는 법이다. 그러나 이제는 문화유산의 보존을 위해 규제에서 지원으로 조금씩 우리 사회가 변하고 있다. 진짜 오래된 것을 보존하고 잘 이용했을 때 얻는 것들이 훨씬 더 많다는 것을 알려 주고, 느끼고, 경제적인 도움까지 주는 것으로 제도도 함께 변하고 있다.

인천광역시 서구의 화학공장단지에서 마지막 공장 건물을 남기다

화학공장으로 가득했던 인천광역시 서구 가좌동 일대. 코스코화학공장단지의 정제 시설 약 45개 동이 2016년 울산으로 이전이 확정되면서 2만 3000여 평의 대단지에 자리 잡았던 공장 건물들은 빠르게 철거되었다. 현재 복합문화공간으로 사용되고 있는 코스모40은 이 화학공단의 공장 건물이 철거될 때 마지막으로 남아 있던 공장 건물이었다. 공단 인근에서 카페를 운영하던 젊은 사장과 이 동네 토박이였던 젊은 사업가는 우연히 이 공장을 보고 어떻게든 이 건물을 남기고 싶어 했다. 40여 년이라는 오랜 시간 화학공단이었던 이 동네의 역사를 간직한 건물이기도 했고 내부 공간도 그 흔적을 남기면서도 다른 용도로 다시 사용하기에 충분히 독특하고 인상적이었기 때문이었다. 공장의 마지막 건물을 남기고 싶었던 마음이 이 지역에 새로운 공간을 재탄생시켰다.

현재 코스모40은 기존 공장 건물의 내외부 공간은 그대로 두고 엘리베이터를 포함한 새로운 신관이 끼어 들어간 형태로 증축되었다. 현재 카페와 다목적 이벤트홀로 활용하고 있는 이 문화 공간은 덕분에 어디에서도 볼 수 없는 특유의 분위기를 보여 주고 있다. 사실 이러한 증축 방식은 불가피한 선택이자 건축가의 혜안에서 비롯된 것이다. 특유한 기존 공장 건물의 내외부 분위기를 그대로 유지하면서 다른 용도로 재사용하는 것이 현행 법규에서는 거의 불가능하기 때문이다. 소방, 단열, 피난, 무장애 공간 등 현행 법규를 따르면 현재와 같은 공간은 탄생하기 어렵다.

2014년에 제정된 「한옥 등 건축 자산의 진흥에 관한 법률(이하 한옥등건축자산법)」은 이처럼 오래된 건물을 남겨 현대의 기능과 용도를 가진 새로운 공간으로 재탄생시키는 데 도움을 주는 법이다. 사실 옛 건물의 용도와 기능을 바꿔 재사용하려면 현행 법 규정을 따라야 하는데, 그러한 경우 한옥이나 근대 건축물은

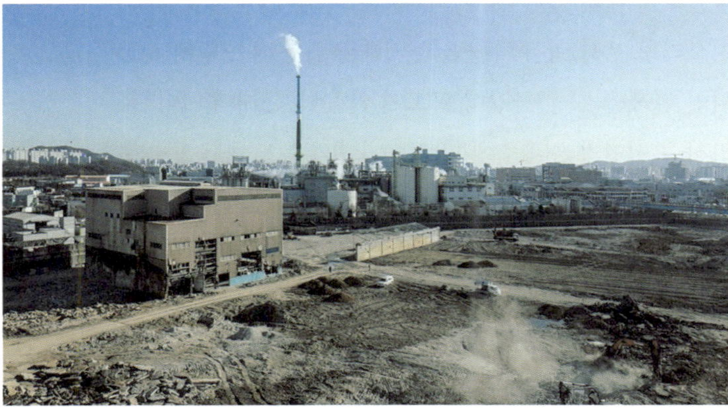

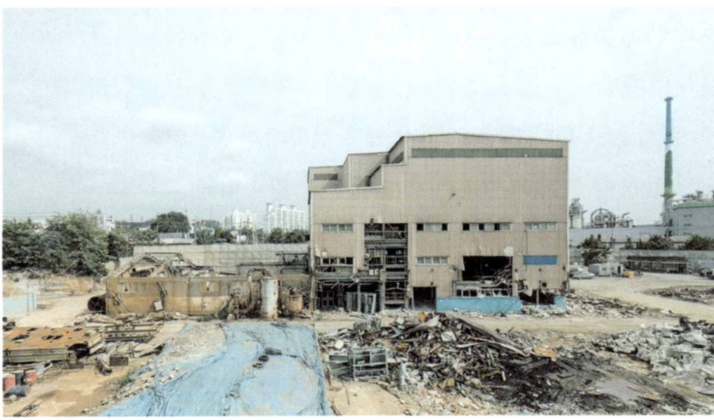

©신경섭

철거 당시 코스모화학단지 전경

불합리할 때가 많다. 가령, 북촌에서 한옥을 다시 지으려면 부지 내 주차장을 설치해야 하는데 그렇게 되면 한옥을 지을 공간이 나오지 않는다. 근대에 지어진 관사는 어떤가. 현행법에 따르면 기존의 복도 폭을 넓혀야 하는데 그렇게 되면 실내 벽 위치를 변경하거나 복도 폭을 외부로 확장해야 하니 당시 실내 구조와 그 느낌을 유지할 수가 없다. 이처럼 옛 건물을 남겨 현대적으로 사용하려면 주차장 설치, 단열, 소방, 대피 규정 등에 대한 완화가 필요하다. 게다가 한옥을 짓거나 오래된 건물을 고쳐서 사용하는 경우 비용 측면에서도 불리하다.

이 법은 소유자 스스로 한옥이나 건축자산을 남겨 활용할 수 있도록 재사용에 필요한 건축법규 등을 완화해 주고, 안전 및 소방과 관련한 사항은 대체 방안을 마련하면 완화해 주며, 때로는 고쳐서 사용하는 데 필요한 비용의 일부를 공공이 지원해 줄 수 있는 근거를 담고 있다. 물론 이를 위해서는 소유자가 우수건축자산으로 신청해야 하고, 우수건축자산으로 등록되면 일정 기간 철거를 유예하는 것을 조건으로 지원을 해 준다.

서울시 제1호 우수건축자산인 체부동 교회는 건축법 등의 특례를 받아 주민들의 문화공간으로 재탄생해 잘 쓰이고 있는 대표적인 사례이다. 코스모40은 해당 법의 혜택을 받지 않고도 건축가의 혜안으로 잘 활용한 사례이지만, 당시 완화 규정이 있었던 것을 몰라서 리모델링 과정에서 많은 어려움이 있었다. 영등포 대선제분의 경우도 우수건축자산으로 등록해 주차장 설치 규정을 완화받아 복합문화공간으로 활용을 추진할 수 있었다. 현행 법규에 따라 사업이 추진되었다면 대선제분 외부공간 전체를 주차장으로 조성해도 부족할 지경이었다. 이처럼 「한옥등건축자산법」은 한옥 외에도 지역에 오래되고 의미 있는 건축물과 공간환경을 우리가 가꾸고 지켜야 할 문화유산으로 그 범주를 확대하고, 이를 보존하고 적극적인 활용을 통해 철거되지 않고 남길 수 있도록 돕기 위해 제정된 의미 있는 법이다.

이 법이 제정되고 시행될 무렵인 2015년, 100년 된 건물 철거 논란 기사가 하나 떠오른다. 당시 배화여고가 기숙사 신축을 위해 100년의 역사를 가진 과학관을 철거한다는 기사에 동문과 학부모가 반발한다는 기사였다. 철거 논란이 기사화되었고 지속적인 동문들의 반대로 과학관 철거는 무산되었다. 해당 건물은 이후 2017년에 등록문화유산으로 지정되었다. 법 제정과 함께 뜻깊은 사건으로 기억하고 있는데, 아마도 흔한 일이 아니기 때문일 것이다. 여전히 의미 있고 오래된 건축자산의 철거는 현재진행형이다. 2022년 서울역 앞 양동지구 재개발 추진을 위한 힐튼호텔 철거 결정은 도시에서의 개발과 역사적 유산의 보전과 활용 가치에 대해 생각해 보게 한다. 지원해 주는 법은 마련되었지만, 결국 법이 모든 것을 해결해 줄 수는 없다. 현대 도시에서 오래되고 의미 있는 건축자산을 남기고 잘 활용하는 일은 쉽지만은 않은 우리 모두의 숙제이다.

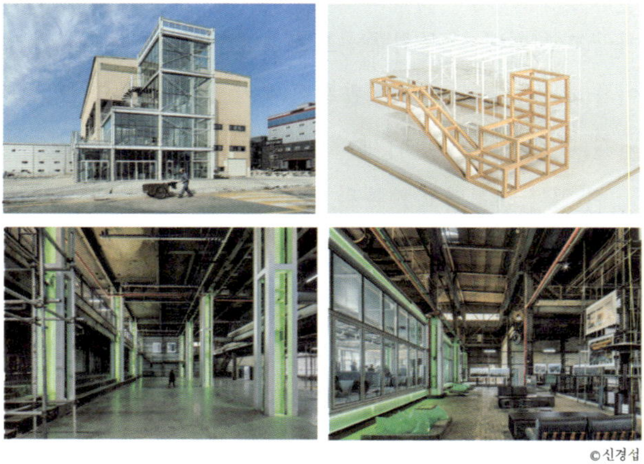

©신경섭

(상) 코스모40 외관|리모델링 컨셉모형
(하) 보이드홀(1-2층)|호이스트홀(3-4층)

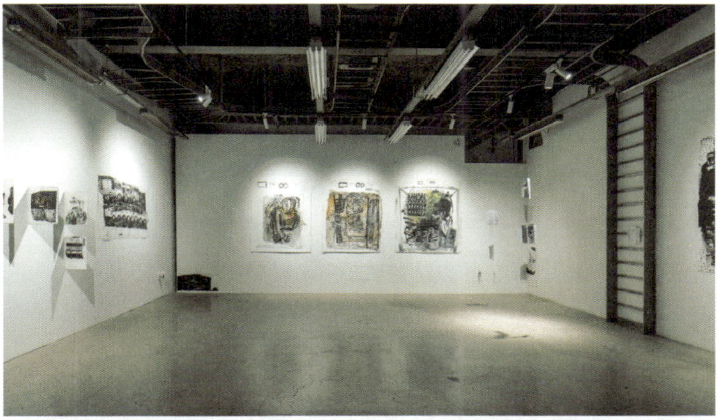

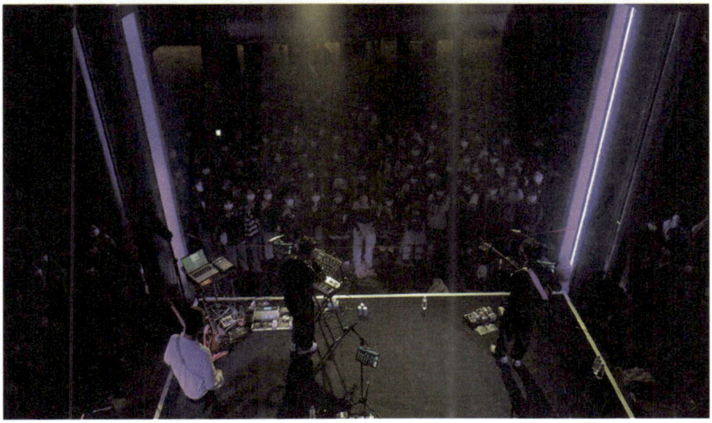

전시 공연 등 복합문화공간으로 쓰이고 있는 코스모40
(상) 「아티스트 먼스」
(하) 「밴드는 무력화되지 않는다」

부여 정림사지 담장을 낮추다

언젠가 지인이 예전에 정림사지 담장이 낮았을 때 너무 좋았는데 다시 갔더니 높은 담장이 생겨서 그때 느낌이 안 들었다는 말을 했다. 이 말을 듣고는 지금도 이렇게 좋은데 얼마나 더 좋았을까 혼자 상상했었다. 이랬던 정림사지 담장이 2023년 드디어 낮아졌다. 담장이 낮아지니 맞은편 가로에서도 정림사지가 잘 보이고 잔디도 눈에 들어오니 새로운 공원이 생긴 듯 개방감도 있거니와, 무엇보다 이제는 부여 시장 쪽에서도 곧바로 들어갈 수 있게 되었다. 게다가 이참에 아예 무료입장으로 바뀌었으니 그야말로 이보다 좋을 순 없다. 그동안 주차장 쪽에서 입장료를 내고 들어오게 하다 보니 관리상 운영상 어쩔 수 없이 출입구를 하나만 두었던 듯하다. 부여시장 쪽에 문이 있어도 실제로는 늘 닫혀 있어 사람들이 많이 다니는 시장 쪽에서는 정림사지로 들어갈 수가 없었다.

어렵디어렵게 한식 담장을 1.2미터 높이로 낮추는 것으로 문화유산심의 허가를 받았는데 기존 돌담을 철거하려니 아까워서 부여군은 기존 돌담에서 높이만 낮추고 한식 기와를 올리기로 결정했다. 공공에서 예산을 들여 만든 담장을 다시 예산을 들여 낮추는

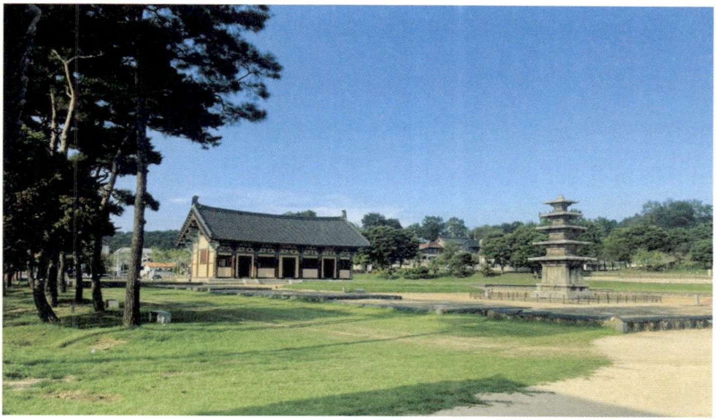

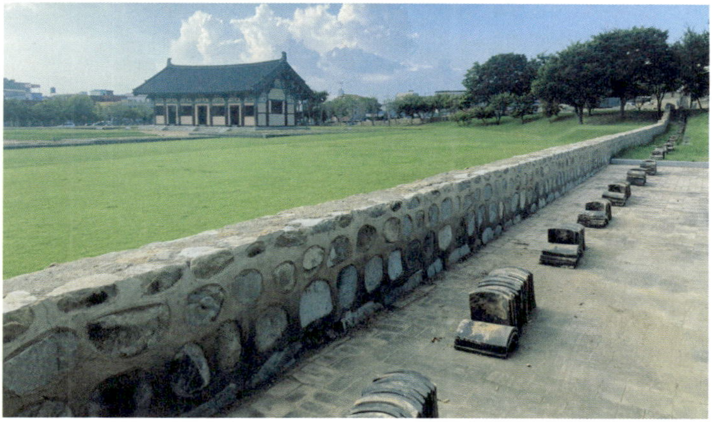

(위)정림사지 내부 전경 (아래)담장 낮추기 공사 중

일은 쉬운 게 아니다. 처음부터 안 그랬으면 더 좋았을 테지만 문화유산의 관리 방식도 시간에 따라 달라지니 그때는 그것이 최선이었을 것이다. 이후 많은 문제 지적에 더 나은 공간과 문화유산의 활용을 위해 이렇게 어려운 변화를 스스로 추진하고 무료 개방과 기존 돌담 활용까지 했으니 박수쳐 줄 만한 일이다.

혹자는 담장이 낮아져 문화유산이 훼손되지는 않을까 걱정하기도 한다. 사방에서 아무 때나 들어올 수 있게 해 놓았으니 그럴 만도 하다. 하지만 보호를 위해 문화유산을 꽉꽉 닫아 두는 것만이 능사는 아닐 테다. 도시에서는 보는 눈이 많은 자연 감시가 오히려 문화유산 보호에 더 유용할 수도 있다. 경복궁 담장에 낙서를 해 훼손시켰던 불미스러운 사건도 있었지만, 시민들의 문화유산 보호에 대한 인식과 접근 자세를 함양시켜야지 문화유산을 가리고 감추는 방식으로만 보호할 일은 아닐 것이다. 부여 정림사지의 변화는 도시 공간으로 열려 있는 문화유산, 도시와 역사유산 두 공간이 자연스럽게 공존하고 연계되는 방식을 보여 준 기분 좋은 일이다.

고대 역사문화유산, 로마에서나 볼 수 있는 먼 이야기?

2020년 6월 고대 역사문화권의 가치를 재조명하고 이를 활용해 지역 활성화를 목적으로 하는 새로운 법이 제정되었다. 법에서 설정하고 있는 우리나라 고대 역사문화권은 고구려, 백제, 신라 외에도 탐라, 마한, 가야, 예맥, 중원, 후백제를 말한다. 고구려, 백제, 신라는 알겠고, 가야, 마한, 후백제도 들어는 봤는데, 중원은 무엇이고 예맥은 또 무엇인가?

고대유산이라 하면 천년 이천년을 거슬러 올라가야 하니 그야말로 오래전이다. 하지만 과연 오래 전만의 일일까? 사실 전국 곳곳에 집이나 건물을 짓기 위해 땅을 파면 고대의 유적이 심심찮게 나온다. 뭐 중요한 건 이미 다 발굴되고 잘 옮겨 놓은 것 아닌가라고 생각할 수 있겠으나 실상은 그렇지 않다. 사적(史蹟)으로 지정하고도 정비가 안 되어 있어 일반인의 눈에는 문화유산인지 흙더미인지 모르는 곳도 허다하고, 고속도로나 철도 건설을 위한 대규모 개발 과정에서 고대 유적들이 발견되는 일도 자주 발생한다. 그래서 실제로 중요한 사적지 한가운데로 고속도로가 지나가고 있는 경우도 심심찮게 볼 수 있다. 매장문화재는 연구 목적이나 유적 정비를 위한 경우, 그리고 멸실·훼손 등의 우려가 있어 긴급히 발굴할 필요가 있는 경우 외에는 발굴하지 않고 후세대에 남겨 주는 것이 기본 원칙이다. 개발 사업 추진 과정에서 매장유산이 발견되는 뉴스가 종종 나오는 이유이다. 곤지암역, 가평역 등 몇몇 역사 내에 발견된 매장유산을 보여 주는 전시실이 있는 이유도 여기에 있다.

그렇다면, 우리나라에 고대 유적지, 고대 도시는 어디인가? 한번 찾아가 보자. 처음 간 곳은 김해와 함안과 나주, 그리고 대구 등이었다. 대부분 경주에서 보았던 대능원과 같은 고분군들을 정비한 유적지(유적 공원)였다. 이 가운데 인상적이었던 곳은 함안의 말이산 고분군과 대구의 불로동 고분군이었다. 두 곳 모두 산 위에 수많은 고분군이 펼쳐진 모습이 생경해 놀라웠다.

처음 가 본 도시인 함안에서는 조금 과장하자면 정말 올라가자마자 '우아' 감탄이 나왔다. 우리나라에도 이런 곳이 있구나 싶을 정도로 놀라웠다. 그도 그럴 것이 경주에서나 봤던 대릉원 같은 고분군이 산 위에 언덕 위에 그것도 한두 개가 아니라 엄청나게 많은 고분군이 밀집되어 자리한 모습이라니. 함안 말이산 고분군에 올라가면 수많은 고분군과 주변의 산세 풍광이 한눈에 파노라마로 펼쳐진다. 게다가 고분군 남쪽에 자리한 성산산성에 오르면 삼봉산과 아라가야 왕궁터부터 서구릉, 말이산 고분군과 동구릉, 그 일대 오늘날 생활중심 공간까지 도시 전체를 한눈에 바라볼 수 있다. 고대의 공간은 왕궁터, 생활공간, 그리고 중요한 것이 죽음의 공간, 즉 무덤 공간인데, 함안에서는 고대의 공간과 현대의 생활공간이 공존하고 있는 것이다. 함안은 특이하게 아라가야 이후 도시 공간의 중심이 다른 곳으로 이동하면서 다행히 고대 가야의 공간 구조가 오늘까지 고스란히 남아 있게 되었다. 이후 다시 근대기에 군청이 이곳으로 이전하면서 고대와 현대의 공간이 공존하고 있는 것이다. 그래서 함안대로를 걷다 보면 골목길 사이사이로 고분군의 능선을 볼 수 있는 생경한 경험도 할 수 있다. 2024년에 새롭게 고도로 지정된 고령은 산자락에 무려 600기가 넘는 고분군이 자리하고 있다고 하니 그 생경한 풍경도 미루어 짐작해 볼 수 있겠다.

이제 남쪽에서 북쪽으로 가 보자. 연천 호로고루는 어떠한가? 방어성이라고 해서 가 봤는데 우리가 흔히 아는 원형의 산성이 아니다. 일자 형태로 제방같이 낮게 쌓인 둔덕 형태를 하고 있다. 임진강과 그 지류로 적군이 접근할 수 없으니 이처럼 효율적인 방어성을 쌓은 것이다. 임진강을 경계로 북쪽에는 고구려성이, 남쪽에는 백제성이 자리하고 있어 백제와 고구려의 전쟁 이야기를 보고 들을 수 있다. 사람들에게는 가을에 해바라기 축제 장소로 더 유명해진 곳이지만, 덕분에 많은 사람들이 이곳 고대 유적지를 방문하고 있다. 유적지가 현대 생활공간이나 관광 명소와 격리되지 않고 자연스럽게 공존하고 연계되어야 하는 이유를 잘 보여 준다.

그렇다면 최첨단을 달리고 있는 이 시대에 고대 역사문화권의 가치를 재조명해야 하는 이유는 뭘까? 고대의 유물과 유적지가 지역에 주는 의미와 힘을 생각해 봐야 한다. 최근 해남에서 발굴된 유적지가 크게 주목받은 일이 있었다. 해남 거칠마 토성[5]이 그것으로, 해남 북일면 일대가 국제해상교류의 중심지로 재조명되었다. 해남 하면 땅끝마을이 자동으로 따라오듯 오지의 이미지가 강하다. 하지만 고대 유산의 가치 측면으로 해남을 보면 당시 국제해상교류의 중심지로

5) '해남 거칠마 토성'은 한반도와 중국, 일본의 동북아 고대 세력들이 활발하게 사용하던 서남해 해양 항로의 거점 지역에 위치하고 있다는 점과 주변에 해양교류사를 확인할 수 있는 많은 유적들이 분포하는 점 등으로 보아 고대 해양항로를 관장하며 제사를 지내던 의례가 행해졌던 것으로 추정된다. 해당 유적은 지금까지 발견된 제사유적 사례 중 최대 규모의 특수 성역 공간으로, 중국의 역사서 『삼국지』 「위서(魏書)」 '동이전(東夷傳)' 등에 기록된 마한의 별읍(別邑)인 '소도(蘇塗)'와 유사하며, 기원후 5~6세기 유적의 연대를 추정 감안하면 '소도의 발전된 형태'로 여겨진다.(국가유산청 24.6.20일 보도자료)

우리나라의 지도를 거꾸로 돌려도 될 만큼 의미가 큰 지역이 될 수 있다. 함안 역시, 앞서 경관의 놀라움에 대해서만 말했지만, 사실 더 놀라운 것은 고분군에서 출토된 유물에서 확인된 아라가야의 문화와 기술의 우수함에 있다. 이처럼 역사문화권에 대한 정책은 오늘날 우리의 삶터와 지역이 가지는 특성이나 이미지 외에 또 다른 가치와 의미, 정체성을 찾아가는 여정이기도 하다.

도시 공간에서의 유산 경영

역사도시는 다양한 문화유산과 역사문화환경을 갖고 있는 지역이자 실제 지역 주민들이 생활하고 삶을 영위해 나가는 생활공간이다. 역사 환경의 보존과 현대적 생활공간의 사용 측면에서 역사 보존과 도시개발은 대립되는 대상이자 양립되어야 하는 대상이다. 역사도시는 문화유산 또는 역사 환경으로만 접근하기보다는 도시적 차원으로 접근해야 하며, 사적 또는 역사문화환경 보존지역보다 훨씬 포괄적이고 종합적으로 접근할 필요가 있다. 이에 공간(장소) 기반의 유산 경영은 또 다른 차원의 도시경영으로 접근할 필요가 있다. 도시는 오랜 시간 동안 축적된 다양한 요소로 구성되어 있으며, 사람들은 이를 통합적으로 이해하고 느낀다. 유산을 경영한다는 것을 '유산만'을 경영하는 것으로 이해하지 말아야 할 것이다.

600년이 넘은 서울, 그보다 더 오래전의 수도였던 공주, 부여, 익산, 그리고 경주, 2024년 새롭게 고도로 지정된 고령 등 역사도시에는 소중하고 아름다운 문화유산이 곳곳에 자리하고 있다. 때로는 건물의 형태로, 때로는 옛길의 모습으로, 때로는 산 위 고분군의 모습으로 말이다. 때로는 땅속 깊숙이 보이지 않는 모습으로. 하지만 현대를 살아가는 우리에게 이것이 얼마나 소중한 문화유산인지 얼마나 의미 있는 오래된 것인지 잘 모르는 경우가 많다. 덕수궁에 일제강점기를 거쳐 한자리에 자리해 온 회화나무가 이렇게 오랫동안 자리하고 있었는지 모르는 것처럼 말이다.

올해는 유난히 겨울이 길다. 하지만 곧 따뜻한 꽃피는 봄이 올 테다. 봄이 오면 서울에, 경주에, 공주에, 부여에, 익산에, 고령에, 함안에, 김해에, 나주에, 합천에, 연천에…… 오늘의 우리 생활공간에서 조선 시대의 수도를 넘어 고대의 수도로, 삶의 터전부터 죽음의 유적지까지, 오래된 가로와 오래된 건물과 고대인의 영원한 여정에 특별한 동행을 해 보는 건 어떨까. 낯익은 곳들은 가 본 지 오래되었으니 다시 가 보고, 낯설고 어딘지 모르는 곳들은 어디쯤 어떤 것들이 있는지 확인도 해 볼 겸 산책을 나가 보자. 이런 곳들이 하루아침에 사라지기 전에. 사람들이 많이 찾아가서 하루아침에 사라지지 못하게 말이다.

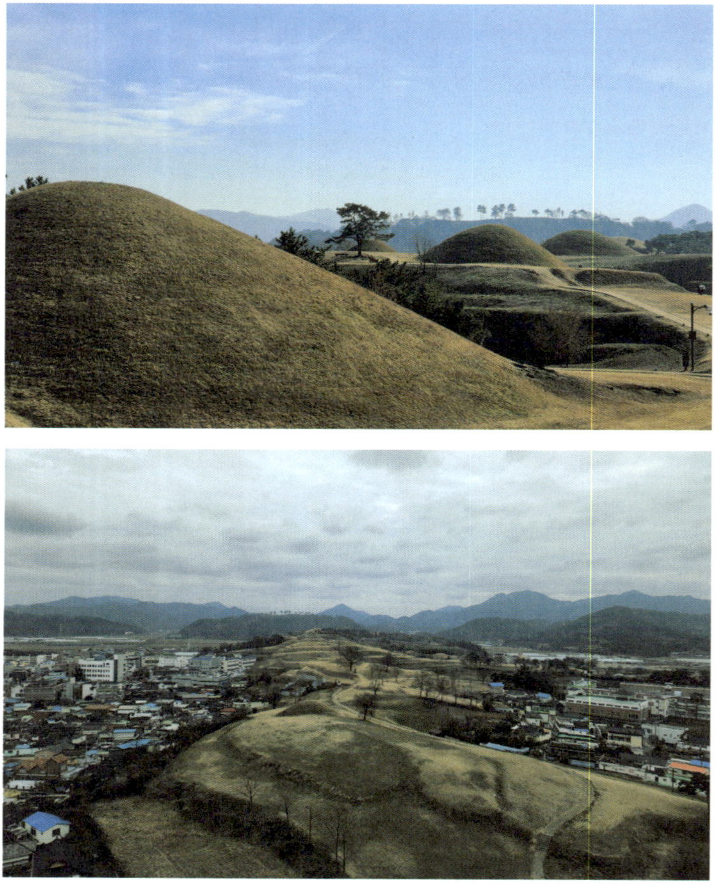

함안 말이산 고분군 전경

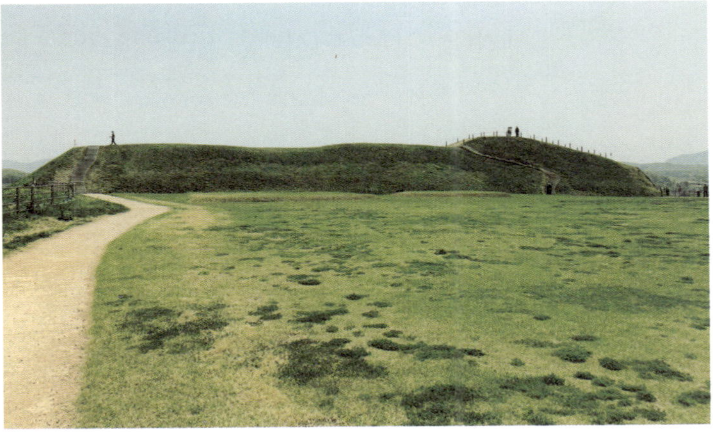

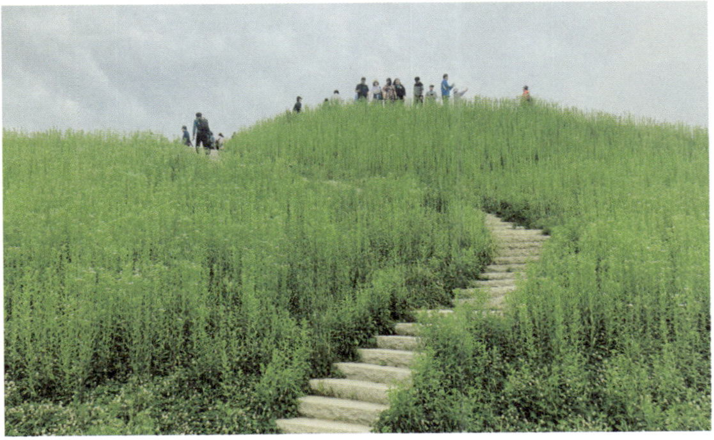

임진강에 자리한 연천 호로고루 전경

시간을 잇는 도시

임희정 한국스탠포드센터 연구디렉터

1 시간

이탈로 칼비노의 소설 『보이지 않는 도시들』에서 마르코 폴로는 도시 자이라를 예로 들며 도시와 기억의 관계를 설명한다. 그는 도시가 여러 공간과 과거의 사건들이 맺는 관계 속에서 성립하며, 그 안에는 기억이 가득하다고 말한다. 자이라를 묘사하기 위해서는 도시가 지닌 모든 과거를 함께 언급해야 하지만, 정작 도시는 스스로 자신의 과거를 직접 말해 주지 않는다는 것이다. 과거는 거리의 모퉁이나 창살, 계단 난간 등 도시 곳곳에 손금처럼 새겨져 있고, 그 표면에는 긁히고 모가 나고 잘리고 부딪힌 흔적들이 남아 있다는 식이다. 이처럼 칼비노는 마르코 폴로가 쿠빌라이 칸에게 들려주는 55개의 상상 속 도시들을 통해 도시란 눈에 보이는 형태만으로 구성되는 것이 아니라, 보이지 않는 것들에 의해 형성되고 존재한다는 사실을 강조한다.

우리가 살고 있는 도시는 건물의 높이, 길고 넓게 닦인 도로와 같은 외관으로 정의되기보다 과거 사건과 사실들의 관계와 지속적인 상호작용, 그리고 우리의 기억으로 그 모습과 성격을 가지게 된다. 칼비노가 말한 것처럼 도시는 끊임없이 변화하며, 그 변화 속에서 무엇이 남고 무엇이 사라지는가의 문제는 결국 우리가 어떤 기억을 선택하느냐의 문제가 된다.

어느 동네에 축적된 시간

이러한 도시의 시간성은 모든 개인이 각자의 방법으로 체감한다. 서울의 급속한 도시개발의 변화 속에서 유년기를 보내며, 나는 도시가 어떻게 자신의 현재 그리고 미래를 과거와 연결하고 또 단절하는지 목격했다. 누구나 어린 시절을 보낸 공간에 대한 기억이 있다. 아파트가 들어서면서, 골목길에서 놀던 문화는 서서히 아파트 단지 내 놀이터로 옮겨갔고, 이제는 처음 서울에 들어섰던 아파트들은 재건축을 통해 다시 새로운 아파트 단지와 상권으로 변모하고 있다. 서울에서 몇 안 되는 옛 모습이 남아 있는 동네인 용산구 갈월동은 아직 시간이 멈춘 듯 예전 모습을 간직하고 있다. 서울역 앞에 자리한 이 동네는 좁은 골목길이 미로처럼 얽혀 있고, 세월의 무게를 견뎌 낸 석축과 돌계단이 경사를 따라 이어진다. 녹슨 철문과 낡은 나무 대문들, 높이가 서로 달라져 버린 보도블록들은 마치 1960년대 이 동네 사람들의 삶을 엿보는 듯한 착각을 불러 일으킨다. 이 지역은 일제강점기 시절 일본인들이 거주했던 지역으로, 이른바 '적산가옥' — 일본식 주택들이 군데군데 남아 있는 근현대사의 살아 있는 증언지이다. 적의 재산이라는 의미의 적산가옥이라는 명칭 자체가 품고 있는 복잡한 역사성은 우리가 어떻게 역사와 기억을 다루어야 하는지에 대한 질문을 던진다. 이 건물들은 식민지 시대의 아픈 기억을 담고 있으면서도, 동시에 해방 이후 우리 서민들의 삶터가 되어 새로운 기억을 축적해 왔다. 벽돌 하나하나, 기와 한 장 한 장이 여러 시대를 관통하며 축적된 기억이다. 우리가 살아온 흔적들은 도시가 거쳐온 시간의 물리적 증거이자 과거와 현재, 미래를 연결하는 다리이다. 하지만 이 동네 역시 재개발을 기다리고 있다. '발전'이라는 이름 하에 갈월동이 이어 주던 과거의 시간의 끈은 점차 가늘어지고 있다. 재개발은 동네의 모든 흔적을 송두리째 없애고, 결국 그 지역에 대한 역사와 기억을 없앨 것이다. 이는 마치 도시가 자신의 일부를 의도적으로 망각하는 과정과도 같고, 우리는 그 망각 속에서 우리가 잃는 것이 무엇인지 명확하게 규명하기 어려워질 것이다. 이렇게 효율성과 편의성이라는 명분 아래 우리는 도시의 기억을 계속해서 삭제하고 있다. 칼비노가 말했듯 도시의 진정한 모습은 그 '보이지 않는' 부분에 있지 않을까. 갈월동의 낡은 돌계단을 오르내린 수많은 발걸음, 비바람을 견뎌 온 담벼락이 품고 있는 이야기들, 그 모든 것이 사라질 때 우리는 무엇을 잃게 되는 것일까.

공간과 시간의 역사

발터 벤야민은 저서 기술복제시대에서 아우라(Aura) 개념을 통해 예술작품이 특정한 시간과 공간에서 가지는 고유한 존재성, 즉 작품이 지닌 역사와 장소, 우리의 경험이 만들어 내는 가치를 설명한다. 미술관에서 예술 작품을 직접 볼 때, 우리는 작품의 거쳐온 시간과 공간을 느끼고 잠시나마 작가와 같은 순간을 경험한다. 그러나 오늘날 디지털 기기를 통해 언제 어디에서나 쉽게 작품을 보고 소유하게 되면서 작품은 고유성을 잃어가고 있다. 즉 아우라가 소멸하고 있는 것이다. 우리가 사는 도시 공간 역시 고유한 아우라를 구성한다. 갈월동의 오래된 공간들이 발산하는 특별함은 건물의 물리적 형태나 건축적 양식에서 비롯되는 것이 아니다. 그것은 그곳에 스며든 시간의 층위와 삶의 흔적들이 만들어 내는 존재의 깊이다. 일제강점기부터 현재까지 이 공간을 관통해 온 역사적 경험들, 그곳에서 살아온 사람들의 일상과 기억 들이 공간에 축적되면서 형성된 고유한 시간성이 바로 그 아우라를 구성한다. 이러한 도시적 아우라는 본질적으로 복제 불가능하다. 같은 재료로 같은 형태의 건물을 세운다 해도, 그 공간에 쌓여온 시간과 역사적 맥락은 재생산될 수 없다. 재개발이라는 행위가 가져오는 근본적 상실은 바로 여기에 있다. 우리는 단지 낡은 물리적 구조물을 잃는 것이 아니라, 그 공간이 오랜 시간에 걸쳐 축적해 온 고유성, 즉 도시의 아우라 자체를 영구히 소멸시키는 것이다.

여기서 우리는 지속가능한 발전이란 과연 무엇인가에 대한 질문을 던져 볼 수 있다. 이는 인간의 정신적 유산과 문화적 연속성도 포함하는 더 포괄적인 개념으로써 현재 전 세계가 공유하고 있는 지속가능발전 의제는 미래 세대를 위한 유산 보전의 중요성을 강조한다. 하지만 이는 단순한 정책적 목표를 넘어서 인간의 본질적 욕구와 맞닿아 있다. 우리는 기억하는 존재이고, 기억의 연속성을 통해 정체성을 형성하는 존재이다. 도시의 역사적 공간들이 사라질 때, 우리 사회는 집단적 기억의 일부를 잃는다. 그리고 그 상실은 단지 과거에 대한 향수가 아니라, 현재의 우리가 누구인지에 대한 이해의 축소를 의미한다. 도시는 시간의 축적물이라고들 한다. 역사적 유적과 유물, 우리가 남긴 삶의 흔적들은 도시가 거쳐온 시간의 물리적 증거이자 과거와 현재, 미래를 연결하는 다리이다. 이는 단순히 관광 자원이나 경제적 가치를 넘어서, 인간의 정신적 고향 역할을 한다. 우리는 이 마법의 다리를 잘 유지해야 한다. 그것이 진정한 의미의 지속가능한 도시를 만드는 길이다.

2 속도

칼비노는 제노비아라는 도시를 통해 흥미로운 질문을 던진다. 이 도시를 처음 세운 사람들이 어떤 필요와 욕망에 의해 이런 형태로 설계했는지 아무도 기억하지 못한다는 것이다. 도시는 끊임없이 변화하며 기존 도시에 새로운 것들이 계속 더해지며 이제는 본래 의도했던 설계도와 다르게 성장한 지금의 도시의 모습에서 우리는 과연 도시를 처음 세운자들의 필요나 목적을 충족시켰는지 알 수 있냐는 것이다.

지속가능한 리듬

매일 다니던 길에 오래된 건물이 사라지고 새 건물을 지을 때 우리는 곧잘 그곳에 있던 것이 무엇이었는지 기억하지 못한다. 빠른 속도로 새로운 것들이 유입되는 도시에서 우리는 이전 도시의 모습을 기억하기 어렵다. 마치 제노비아가 본래의 모습을 잃어버린 것처럼 우리도 속도에 파묻혀 도시의 본래 모습과 리듬을 망각한 채 살아가고 있는지 모른다. 한국인의 시간은 어떨까. 약속 시간에 매번 늦는 한국인의 시간 약속을 가리켜 외국인들이 코리안 타임이라고 불렀던 시절이 있었다. 이에 코리안 타임은 한국인의 수치라고 여겨 우리는 서둘러 이 습관을 고쳐 나갔고, 지금은 시간 약속을 안 지키는 국민이라는 오명은 벗은 것 같다. 하지만 지금 돌이켜보면, 그 '느긋함'은 분과 초로 잘게 쪼개진 시간이 아닌 12간지의 넉넉한 호흡을 따르던 우리 고유의 시간 감각이었을지도 모른다.

프랑스 철학자 베르그송은 시계로 측정되는 공간화된 시간을 거부하고, 시간을 창조적 힘을 가진 흐름으로 이해했다. 즉, 우리의 자아가 현재와 과거를 분리하지 않고 이를 연속적으로 경험하는 시간의 개념으로 설명했다. 어쩌면 우리 선조들은 오랜 세월이 '지속'의 시간 속에서 살아왔던 것인지도 모른다. 그런데 언제부턴가 우리는 달리기 시작했다. 서구의 기술문명이 가져온 새로운 시간표에 맞춰 도시의 모든 것이 가속화되었다. 도로의 속도뿐 아니라, 소비의 속도, 생산의 속도, 심지어 관계의 속도까지 효율성이라는 이름 하에 우리는 '지속'이라는 가치를 성찰할 여유조차 잃어버렸다.

우리는 속도에 중독되어 있는지도 모른다. 이러한

삶의 속도 속에서 우리에게 제동을 거는 것은 자연이다. 그리고 뒤를 돌아보게 하는 것은 역사다. 역사적 도시 공간은 같은 도시 안에서도 전혀 다른 시간을 경험하게 한다. 마치 시간여행을 하듯, 우리는 그곳에서 다른 속도로 호흡할 수 있게 된다. 도시는 단일한 '속도'가 아니라 다양한 '리듬'을 가진 존재다. 도시 계획가 제프 스펙이 관찰한 바에 따르면, 역사적 보행 환경이 보존된 지역의 사람들은 자연스럽게 걸음을 늦추고, 더 많이 멈춰 서서 관찰하며, 결과적으로 더 높은 삶의 만족도를 보인다고 한다. 북촌 한옥마을을 거니는 사람들의 걸음걸이가 강남 대로의 그것과 다른 이유가 여기에 있다. 번잡한 광화문 광장에서 경복궁의 담장 안으로 들어가는 순간 느껴지는 그 고요함, 고층 빌딩 사이 골목길에서 만나는 예상치 못한 여백들, 이 모든 것이 도시가 품고 있는 다양한 속도와 리듬이다.

조화로운 복잡함

역설적이게도 빠르게 변화하는 도시로 상징되는 뉴욕의 건물 중 83%가 50년 이상 된 것들이다. 이 오래된 건축물들이 만들어 내는 것은 단순한 추억이 아니다. 그것은 도시의 세밀한 경제 구조이자, 회복력의 근간이다. 이 건물들 속에 자리잡은 작은 가게들과 다양한 규모의 공간들이 만들어 내는 복잡성이 도시를 건강하게 만든다. 심지어 혁신의 아이콘으로 불리는 테크 기업들조차 이 오래된 건물들 속에서 미래를 설계하고 있다. 이것이 우리에게 주는 교훈은 분명하다. 도시의 진정한 활력은 획일적 속도에서 나오는 것이 아니라 다양한 속도와 리듬이 공존할 때 발현된다는 것이다. 대도시라는 고속도로에서 잠시 빠져나와 나만의 속도로 달릴 수 있는 이면도로들, 그것이 바로 도시가 우리에게 선사하는 가장 소중한 선물일지도 모른다. 결국 우리가 찾고자 하는 것은 잃어버린 제노비아의 원형이 아니라, 현재의 도시 안에서 다양한 시간과 리듬이 조화롭게 공존할 수 있는 방법이 아닐까. 속도와 지속, 효율과 여유, 미래와 과거가 서로를 배제하지 않고 함께 숨 쉴 수 있는 도시 말이다.

3 교감

칼비노는 소설을 통해 도시인들의 상상과 소통의 역설을 그려낸다. 대도시 클로에의 거리에서 사람들은 끊임없이 스쳐 지나지만 서로를 알아보지 못한다. 마주치는 순간 각자의 마음속에서는 온갖 상상이 펼쳐진다. 저 사람에게는 어떤 일들이 일어났을까, 우리 사이에는 어떤 만남이 가능할까, 어떤 대화를 나눌 수 있을까 하는 무수한 가정들이 스쳐간다. 하지만 현실에서는 아무도 먼저 말을 걸지 않는다. 시선이 마주치는 순간 서둘러 고개를 돌리고, 걸음을 멈추는 법도 없다. 칼비노가 묘사한 이 도시의 풍경은 우리에게 익숙하다. 우리는 매일 수백 명의 사람들과 스쳐 지나며 눈을 피하고 걸음을 멈추지 않는다. 옆에서 누가 말이라도 걸어오면 불편하다. 마치 보이지 않는 유리벽이 각자를 둘러싸고 있는 듯하다. 가장 많은 사람들이 모여 사는 곳이지만 동시에 고독한 공간, 무한한 연결 가능성을 품고 있으면서도 실제로는 철저히 단절된 공간이라는 모순을 도시는 안고 있다.

관계의 거리

코로나19가 찾아왔을 때, 이 보이지 않던 유리벽이 갑자기 흰색 벽이 되어 버렸다. 모든 사람이 하얀 마스크를 쓰고 다니는 거리에서, 앞으로 익명의 사람들의 얼굴을 다시는 볼 수 없을 것만 같았다. 마스크는 단순한 방역 도구를 넘어 나와 타인과의 연결을 역설적으로 드러내는 상징이 되었다. 바이러스

차단을 넘어서서, 어느새 우리는 낯선 이들에게 얼굴을 보여주는 것조차 꺼리게 되었다. 몇 년 후 마스크를 벗고 다니기 시작했을 때의 그 묘한 감각을 잊을 수 없다. 길거리 사람들의 맨 얼굴을 보는 것이 신기했다. 어쩌면 우리는 익명성을 추구하는 도시 생활에 길들여져 있다고 믿고 있지만, 사실은 스쳐 지나가는 낯선 이들의 얼굴을 보며, 짧은 순간 눈을 마주치고 교감하며 서로가 같은 공동체임을 확인하고 있었는지 모른다. 이와 동시에 다른 쪽의 교감도 변화하고 있다. 인터넷과 AI 기술이 우리가 알아채기도 전에 일상을 바꾸어 놓았다. 혁신이 일상으로 스며드는 속도는 때로 인식의 속도를 앞지른다. 기술과의 교감은 늘어나는데, 자연과 사람과의 교감은 위축되고 있다. 기술의 편리함과 즉시성에 중독되면서, 자연과의 거리, 사람들과의 거리는 점점 더 멀어진다.

자연 속 도시, 도시 속 자연

에드워드 윌슨의 '바이오필리아(Biophilia)'는 인간이 자연과 생명체에 대해 본능적으로 가지는 친밀감과 연결 욕구를 가리키는 개념으로 우리가 수십만 년간 자연환경 속에서 진화해 왔기 때문에 신체적·정신적 구조가 자연과의 관계를 필요로 한다는 통찰을 준다. 우리 전통

사상에서도 인간과 자연은 분리될 수 없는 하나의 생명 공동체로, 수천 년간 이 땅에서 살아온 우리의 정신적, 문화적 DNA에는 이미 자연과의 깊은 연결 욕구가 새겨져 있다.

도시 생태학자 티모시 비틀리는 『바이오필릭 시티』에서 흥미로운 연구 결과들을 제시한다. 사람들은 자연과 함께할 때 더 관대해지고, 미래지향적이고, 협력적이고, 창의적이 된다는 것이다. 도시에서 밀도를 유지하는 것은 효율적이지만, 우리는 그 밀도 속에서 숨 쉴 수 있는 구멍이 필요하다. 자연이라는 숨골을 통해 우리는 도시에서 좀 더 교류하고, 좀 더 교감하고, 좀 더 지속가능해질 수 있다. 그런데 여기서 중요한 것은 도시의 밀도 자체를 부정하는 것이 아니라는 점이다. 밀도는 사람들이 함께할 수 있는 것들을 만들어 내고, 대화와 토론을 통한 민주주의를 가능하게 한다.

15분 도시 개념을 제시한 카를로스 모레노는 도시를 복잡한 유기체로, 고정된 것이 아닌 항상 변화하는 생태계로 이해한다. 도시 건축을 기술이나 수직적 건축으로 한정하기보다 다양한 요소들과의 관계를 맺는 복잡계로 보는 것이다. 이러한 복잡성은 도시의 미래를 예측하기 어렵게 만들기도 하지만, 동시에 그것이 도시의 생명력이기도 하다. 이런 취약성 때문에 도시는 끊임없이 변화에 적응해야 한다. 모레노는 도시의 공간적 거리를 줄이고 밀도를 높여 15분 도시를 형성하면, 권력의 집중과 불평등을 막고 변화에 유연하게 적응할 수 있다고 했으며, 프랑스는 이미 이 개념을 파리에 적용하기 시작했다.

결국 칼비노가 묘사한 클로에의 거리에서 벗어나는 길은 단순히 기술을 거부하거나 도시를 떠나는 것이 아니라, 도시 안에서 새로운 형태의 교감을 창조하는 것일지도 모른다. 많은 사람이 서로 가까이 생활할수록 우리의 교감도 그만큼 풍부해질 가능성이 높아진다. 문제는 그 가능성을 현실로 만들어낼 수 있는 도시적 상상력이다.

4 영감

칼비노는 도시의 사람들이 바뀐 도시의 모습을 보면서, 예전의 모습을 다시 떠올리며 향수에 젖을 수 있기 때문에 대도시는 더욱더 많은 매력을 지니게 된다고 했다. 도시의 매력은 현재에 있지 않고 과거와 현재 사이의 간극에서 발생한다는 것이다. 마치 시간의 지층처럼 쌓인 도시의 모습들이 우리에게 주는 것은 단순한 정보가 아니라 상상력과 영감이다.

도시계획가 제인 제이콥스는 『미국 대도시의 죽음과 삶』에서 도시의 역동성과 다양성을 설명한다. 새로운 건물은 다시 지을 수 있지만, 오래된 건물의 가치는 오직 시간만이 만들 수 있기 때문에 오래된 건물을 철거하는 것은 다양성을 파괴한다고 했다. 여기서 말하는 '다양성'은 단순히 건축 양식의 혼재가 아니다. 시간의 다층성이며, 기억의 복합성이고, 경험의 중첩이다. 도시 안에 다양한 연령과 유형의 건물들을 지니고 있는 것은 마치 다양한 세대로 구성된 대가족에서 사는 것과 같다. 다른 세대가 한 공간에서 만날 때 역동성과 긴장감이 발생한다. 획일화는 우리의 마음과 머리를 굳게 만들지만, 다양성은 예상치 못한 조우와 우연한 발견을 가능하게 한다. 이 모든 변화와 지속, 소멸과 생성의 과정에서 우리는 예기치 못한 영감을 얻는다. 만약 이 흔적들을 모두 지워내고 새로운 건물들로 깔끔한 도시를 만든다면 어떻게 될까? 그것은 미래 세대에게 전승되어야 할 기억과 자존감을 박탈하는 것을 넘어서, 우리의 상상력과 창조력의 원천을 우리 스스로 지워 버리는 것일 수 있다.

우리가 여행을 하면서 역사적 유적지나 오래된

거리를 걸으며 흥분하는 이유를 생각해 보자. 그것이 우리나라의 역사가 아니더라도, 심지어 우리와는 전혀 다른 문화권의 유산이라 하더라도 우리는 그곳에서 깊은 감동을 받는다. 이는 인류의 공통된 역사와 기억에 대한 동감 때문일 것이다. 하지만 더 근본적으로는, 시간의 축적이 만들어 내는 그 독특한 아우라와 서사성 때문이다. 결국 도시가 주는 진정한 영감은 완벽하게 계획된 공간에서 오는 것이 아니라, 예상치 못한 과거와 현재의 만남, 의도하지 않은 우연과 필연의 교차에서 발생한다. 체칠리아에서 길을 잃은 마르코 폴로와 염소지기처럼, 우리는 모두 도시 안에서 길을 잃는다. 도시를 모르는 염소지기도, 도시를 아는 마르코 폴로도 모두 도시 안에서 방향 감각을 상실한 채 헤매는 존재이다. 이렇게 복잡하고 균질적인 도시의 구조 속에서 우리는 영감을 통해 새로운 길을 발견하고, 예기치 못한 만남을 마주하게 된다. 도시의 진정한 가치는 우리를 목적지로 인도하는 것이 아니라, 목적지를 잊고 걸을 수 있게 만드는 것인지도 모른다.

그리고 덕수궁의 회화나무

마르코 폴로는 다리를 묘사하며 다리의 돌

하나하나를 설명한다. 쿠빌라이 칸이 다리를 지탱해 주는 돌은 어떤 것인지를 묻자, 마르코 폴로는 다리는 하나의 돌이 아니라 그 돌들이 형성하는 아치 선에 따라 지탱된다고 대답한다. 그러자 쿠빌라이 칸은 그렇다면 아치만이 중요한 것 아니냐고 반문하고, 이에 마르코 폴로는 돌이 있어야 아치도 있다고 대답한다.

칼비노 글에서 이 대화는 도시를 이해하는 핵심을 담고 있다. 도시를 볼 때, 우리는 도시의 발전과 효율, 성장과 혁신이라는 거대한 아치만을 중시한다. 하지만 그 아치를 떠받치고 있는 것은 하나하나의 작은 돌들이다. 갈월동의 낡은 돌계단, 북촌의 좁은 골목길, 그리고 덕수궁 한편에 뿌리내린 회화나무까지.

덕수궁 회화나무 프로젝트는 바로 이 '돌과 아치'의 철학을 구현한 시도였다. 지속가능한 도시를 위해서는 분명 물리적 인프라와 첨단 시스템, 그리고 정교한 기술이 필요하다. 도시가 계획되고 실현되기 위해서는 끝없이 다른 의견과 이해관계들을 조정하고 조율하는 과정도 거쳐야 한다. 하지만 정작 도시에 사는 우리를 설레게 하고, 사랑하게 만드는 것은 그런 거대한 시스템이 아니다. 자연과 사람이고, 그들이 만드는 예술이며, 우리가 지나온 날들에 대한 기억과 미래에 대한 상상이다.

일제강점기에 소멸되었던 덕수궁 선원전의 복원 과정에서 그동안 잊혀졌던 이야기들이 터져 나왔다. 선원전 터가 조각조각 나뉘어 팔렸던 이야기, 일제가 경복궁을 내려다보기 위해 언덕을 쌓아 조선저축은행 중역 사택을 지었다는 이야기, 선원전 터에 미국 대사관 기숙사가 들어설 뻔했다는 이야기, 옛 경기여고에서 회화나무와 함께 청춘을 보낸 소녀들이 이제 할머니가 되어 들려주는 추억 이야기, 일본이 선원전 터를 급하게 흙으로 덮어버린 덕분에 오히려 터가 온전히 발굴되었다는 역설적인 이야기들을 들을 수 있었다.

그리고 이 모든 얘기들을 끌어안고 묵묵히 살아남은 회화나무의 이야기는 한 그루 나무가 증언하는 120여 년 시간의 집약체다. 우리가 도시에 남긴 역사적 기록과 흔적들은 과거와 현재, 미래를 연결하는 마법의 다리다. 도시는 보이는 것과 보이지 않는 것이 만나는 곳, 과거와 미래가 현재 속에서 공존하는 곳, 그리고 하나하나의 작은 돌들이 모여 거대한 아치를 이루는 곳이다. 덕수궁 선원전의 회화나무는 말없이 우리를 데리고 시간여행을 한다. 선원전 복원 작업이 한창이다. 저물어 가는 햇살 아래에서 하루의 일과를 마무리 하기 위해 석공들이 부지런히 돌을 쪼는 소리가 고층빌딩 사이로 울려퍼진다. 선원전 터에서 회화나무 잎 하나를 주워 수첩 사이에 끼워 넣고, 회화나무를 올려다 본다. 120여 년 전 이 자리에서 선원전을 짓던 옛 석공들의 돌을 쪼는 소리가 어렴풋이 들려온다.

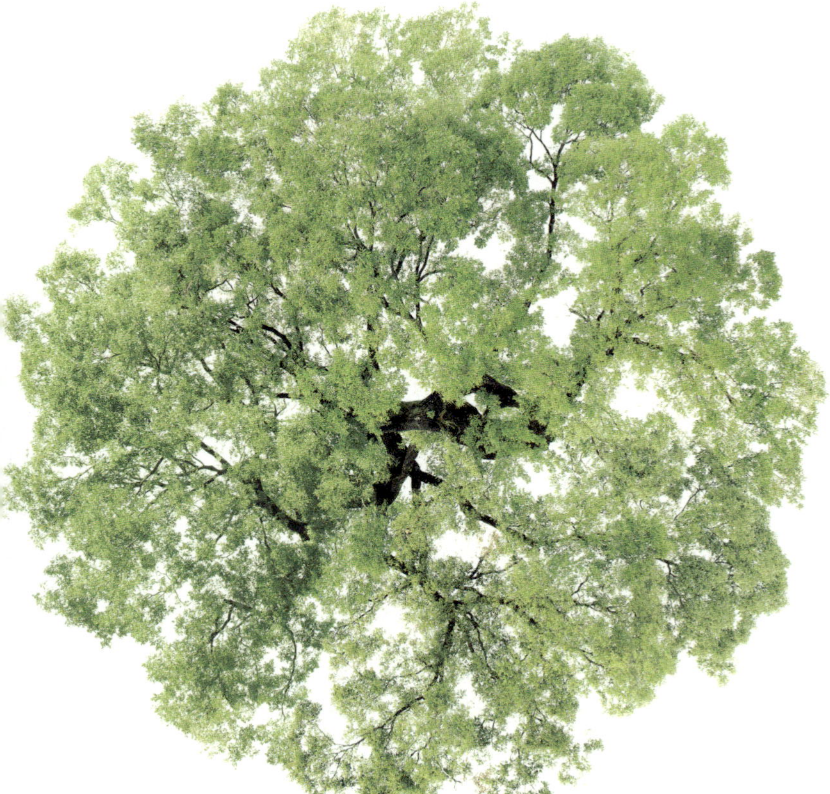

Heritage...... #7_13

도시는 사람에게 무엇으로 기억되길 바랄까

김서영 한국스탠포드센터 연구원

현대사회에서 자신이 행복하다고 느끼는 사람은 몇이나 될까. 하루를 마무리할 때 그저 살아 있음에 감사하고 자신이 살고 있는 동네에 긍정적인 소속감과 공동체 의식을 갖고 있는 그런 삶 말이다. 위대한 철학자 버트런드 러셀은 가장 빛나는 작품이나 위대한 인생조차도 흥미롭지 않은 부분이 존재한다[6]고 했다. 다소 지루하거나 단조로운 순간들이 있어 이와 대조되는 풍요로운 순간들이 더욱 가치 있어진다. 한 달 동안 하루도 빠짐없이 자신의 생일 파티를 한다고 가정해 보자. 생일이 더 이상 특별한 날로 여겨지지 않을 것이다.

우리가 잊지 말아야 할 점은 행복의 본질이 특별함과 성취감에만 있는 것이 아니라, 인생의 다양한 경험을 있는 그대로 받아들이는 데 있다는 것이다. 이와 같이 사람이 인생에 걸쳐 다양성을 사랑할 줄 알아야 비로소 행복을 깨닫게 된다면, 우리가 거주하는 환경을 어떤 모습으로 만들어야 행복에 더 가까이 접근할 수 있을까. 정답이 없는 이런 질문이야말로 우리가 살고 있는 곳의 가치를 되돌아보게 한다. 우리는 이미 차고도 넘치는 주변 인프라와 물건을 당연하게 여기고 더 나은 삶을

6) Bertrand Russell, The Conquest of Happiness(Liveright Publishing Corporation, 2013)(Originally published 1971).

위한다는 핑계로 끊임없이 새로운 것을 생산한다. 물질적으로 풍요로워 보이는 도시의 성장이 실제로 우리가 느끼는 행복과 반드시 맞닿아 있는 것은 아니다. 단지 우리는 마음속에 채워지지 않는 블랙홀과도 같은 갈증을 일시적으로 해소하고자 계속해서 무언가를 만들어 내고 있지는 않은가. 더구나 많은 도시인들이 무한한 정보 속에서 피로감을 느끼고 과도한 기술 중심의 삶에 점점 지쳐가는 모습을 보며, 모든 것이 연결된 이 도시에서 우리의 삶이 과연 이전보다 더 나아졌는지 되묻게 된다. 이런 현실 앞에서, 방향을 잃은 채 앞만 보고 달려가기보다는 잠시 쉬어 가며 우리가 밟아 온 길을 되돌아볼 수 있는 시간이 필요한 시점이다.

도시를 만드는 사람들—공간, 경험, 추억의 향연

누구나 살면서 어느 동네에 사는 것이 좋은 선택일지 한번은 고민을 해 봤을 것이다. 저마다 갖고 있는 다양한 기준으로 거주지를 정할 텐데, 운이 좋으면 만족하며 사는 것이고 반대로 후회하며 다시는 이런 곳에서 살지 않겠다고 다짐한 사람도 있을 것이다. 삶의 만족도를 높이는 도시의 조건들은 무엇일까. 당신이 애정을 담아 고향으로 생각하는 장소에는 어떤 특징이 있는가. 고향의 사전적 정의[7]를 살펴보면 "태어나서 자란 곳", "조상 대대로 살아온 곳", "마음속에 깊이 간직한 그립고 정든 곳", "어떤 사물이나 현상이 처음 생기거나 시작된 곳"이라고 한다. 내가 태어나 자란 동네, 내가 살았던 곳들 중 마음이 가장 편안했던 동네, 추억이 깃든 그리운 장소, 이 모두가 고향이 될 수 있다.

나는 도시에서 태어나 자랐다. 초등학교를 세 군데 다녔을 정도로 이사를 자주 갔는데, 어린 시절부터 지금까지 내가 느낀 도시는 단지 주택과 건물로만 이루어진 공간이 아니다. 물론, 특색 있는 건축물과 최첨단 기술이 도입되어 사용이 편리했던 공간 등 물리적인 인프라를 훌륭히 갖춘 장소도 기억에 남지만, 시간이 지날수록 오히려 눈에 보이지 않는 향기와 노래처럼 그 당시의 나에게 긍정적인 감정을 가져다주었던 추억이 떠오른다. 어릴 때 할머니 집 앞 놀이터에서 맡았던 모래 냄새, 주말마다 열리던 전통 시장에서 신선한 과일과 채소를 팔던 상인들의 목소리와 표정, 고층 건물 사이를 지날 때 거세게 불던 찬바람의 온도와 같은 비가시적인 요소들이 내 기억 속에 자리

7) 국립국어원 표준국어대사전(https://stdict.korean.go.kr) '고향'의 사전적 정의.

잡은 도시의 모습들이다. 이렇게 오랫동안 내 머릿속에 남아 있는 기억들이 내가 살거나 여행하던 도시에 대한 이미지를 만드는 데 기여한다.

도시라는 종합 플랫폼에서 우리는 다양한 경험을 통해 추억을 만들고, 관계를 형성하며, 꿈을 실현한다. 도시의 사람들, 주택, 자연, 교통, 직장, 문화, 예술, 이 모든 것이 얽혀 하나의 도시가 탄생하는 것이다. 이러한 맥락을 통해 도시의 정체성은 수많은 요소가 복합적으로 작용하며 형성되기 때문에 개인의 정체성과도 밀접한 관계를 맺고 있다. 시민들에게 도시가 고향으로 남으려면 사람이 각자 자신의 정체성을 찾아 헤매고 언젠가 발견하듯, 그 도시만이 갖고 있는 역사적 이야기와 고유한 특성을 구성원 모두와 공유하고 현재의 상황에 맞도록 재해석해 가꿔 나갈 수 있는 고도의 전략이 필요하다. 도시가 시민들과 정체성을 공유해야 하지만 누구나 경제적으로 부유하고 성장하고 있는 도시에 살고 싶어 할 뿐, 역설적이게도 그 도시 안에서 생활하는 사람들 사이의 교류가 점차 줄어들어 심리적 거리는 더욱 벌어지고 그 사이의 정체성은 괴리되고 있다. 더 이상 이웃이라는 말을 사용하지 않을뿐더러 같이 공유할 수 있는 기억이 없어지고 있는 것이 안타까운 현실이다.

도시와 사람을 연결하는 디자인과 브랜딩의 힘

도시의 이상적인 꿈은 분명 사람이 살기 좋은 공간을 만드는 것이었을 텐데, 늘 이상은 이상으로 남기 마련이다. 현실의 도시는 기후변화, 빈곤, 양극화 현상 같은 문제를 해결하려는 노력이 또 다른 문제를 낳는 끝없는 악순환에 대응하느라 바쁘다. 모든 구성원들의 의견을 반영한 해결책을 찾아 이들의 삶의 질을 높인다는 것이 얼마나 복잡하고도 어려운 일인가. 무엇이 진짜 문제인지 알아내기도, 해결하기도 어려운 사회적 문제를 디자인 분야에서는 '불명확한 난제(wicked problem)'[8]라고 일컫는다. 이와 같은 난제들은 숫자와 데이터만으로 해결되지 않고, 역사·사회·환경 속 깊숙이 자리 잡은 사람들의 문화를 파악하는 것을 시작으로 접근해야 한다. 이 과정에서 디자인이 사회와 사람을 연결하는 매개체와 같은 중요한 역할을 하는데, 이에 앞서 디자인이라는 개념에 대한 오해부터 풀어야 한다.

보통 많은 사람들이 디자인이라는 단어를 들으면

8) Horst W. J. Rittel & Melvin M. Webber, "Dilemmas in a General Theory of Planning", Policy Sciences, vol. 4, no. 2, June 1973; Richard Buchanan, "Wicked Problems in Design Thinking", Design Issues, vol. 8, no. 2, 1992.

패션이나 상품을 떠올리는데, 디자인은 단순히 제품이나 서비스의 외형을 결정하는 결과물이나 수단에 국한되지 않는다. 그 어원인 라틴어 'Designare(데시그나레)'가 시사하듯, 디자인은 특정 목적을 달성하기 위한 문제 해결과 혁신을 위한 과정인 동시에 사람이 만들어 낸 산출물이기도 하다. 디자인의 개념은 눈에 보이는 형상뿐 아니라 보이지 않는 요소들까지도 포함하는데, 디자인의 본질은 비가시적 부분들을 세밀하게 분석하고 조율하는 과정에 있다. 예를 들어, 어떤 물건을 디자인할 때는 사용자의 편의성을 기본으로 하되 심미성, 기능성, 지속가능성, 사업성 등 다양한 요소를 종합적으로 고려해 최적의 해결책을 제시하는 과정 전반을 수반한다. 이러한 측면에서 디자인은 전략적 사고와 창의적 접근의 균형을 통해 문제의 근본적 원인을 분석하고, 사용자의 경험과 함께 사회적, 문화적, 환경적 의의를 동시에 충족시키는 통합적인 개념이다. 결국 모든 디자인과 마주하는 존재는 사람이다. 따라서 모종의 이유로 만들어진 디자인은 우리 삶에 어떤 가치 있는 경험을 제공하는지로 성공 여부가 결정된다.

도시 브랜딩[9]이야말로 이러한 디자인 협력이

9) 브랜딩(branding)의 기원은 노르웨이의 고어 'brandr'로 추정된다.

특히 중요한 영역이다. 수많은 이해관계자와 복잡한 기능들이 얽힌 도시의 정체성을 형성하는 과정에서는 다양한 관점이 유기적으로 연결되어야 한다. 도시 브랜딩이란 도시를 매력적으로 만들어 주는 하나의 방법이다. 도시는 그 안에 사는 시민들이 소속감과 자부심을 느끼면서 방문자들이 다시 찾고 공감할 수 있는 정체성을 갖추어야 하며, 이는 지속가능한 도시를 만드는 데 결정적인 역할을 한다. 사람들의 마음속에 지속가능한 도시로 자리 잡기 위해서는 도시의 정체성을 반영한 브랜딩 전략을 수립하고 사람들에게 전달하는 과정을 거친다. 이처럼 형성된 도시 정체성은 차별화된 그 도시만의 역사적, 사회적, 문화적 맥락 속에서 구성원들의 다양한 개성을 포용하는 디자인이 뒤따를 때 더욱 강력해진다.

브랜드란 조직의 정체성을 담은 메세지이자, 그것을 믿고 기억하는 사람들에게 신뢰를 약속하는 감정적 연결의 매개체다. 높은 신뢰도를 유지하기 위해서는 브랜드 자체에 대한 그만의 스토리가 있어야 한다.

가축에게 불에 달군 인두로 낙인을 찍어 특정인의 소유물임을 표기한 관습에서부터 발전되었다. 현대에는 맥락을 동반한 시각 언어로써 제품의 출처를 증명하는 방법이 되었다.

브랜딩의 개념을 최초로 정립한 데이비드 아커[10]는 브랜드를 "판매자의 상품이나 서비스를 규정하고 경쟁자와 차별화하기 위한 이름, 기호, 상징, 디자인 혹은 이들의 결합"으로 정의했다. 즉, 브랜드는 이러한 요소들을 결합해 특정한 경험과 가치를 전달하는 역할을 한다. 하나의 브랜드가 탄생하기 위해서는 수많은 디자인 분야들이 세심하게 융합되어야 하며, 일관성 있는 시각적 언어로 해석되어야 한다. 성공적인 도시 브랜딩도 단순히 로고나 색상을 제시하는 차원을 넘어, 사람들이 도시를 경험할 때 자연스럽게 떠올리는 감각과 인상을 전달할 수 있어야 한다. 따라서 도시 브랜딩은 도시의 과거와 현재, 그리고 미래의 목표 이미지가 조화롭게 이루어져 사람들의 마음속에 강렬한 연상 이미지와 감정을 형성하도록 전략적으로 구성되어야 한다. 기업이나 상품의 로고가 바뀌면 브랜드가 리뉴얼되었음을 인식하듯, 도시 브랜딩도 시민들이 직접 체감할 수 있는 방식으로 구현되어야 한다.

도시 브랜딩을 완성하는 것만큼 중요한 것이 있다.

10) 데이비드 아커(David Aaker)는 브랜드의 개념을 처음으로 고안해 낸 미국의 사회과학자이다.

바로 브랜딩을 해 놓고 끝내는 것이 아니라 변화하는 시대에 맞게 지속적으로 관리해 주는 것이다. 시민들이 자부심을 느끼며 자발적으로 홍보하고 사후 관리가 잘 되고 있어야 도시 브랜딩이 문화가 되고 정권과 상황이 바뀌어도 이어 갈 수 있는 힘이 생기기 때문이다. 포르투갈 제2의 도시 포르투는 2014년 리브랜딩을 통해 큰 변화를 겪었다. 도시의 역사와 문화를 현대적 디자인에 녹여 내는 작업이 핵심이었는데, 시민들이 주체가 된 창의적 접근으로 도시의 정체성을 새롭게 재조명한 성공적인 사례다. 이 프로젝트는 포르투의 오랜 역사와 유네스코 문화유산, 그리고 아줄레주(azulejo) 푸른빛 타일과 같은 고유한 건축적 상징물을 핵심 디자인 요소로 활용해 도시의 다면적 특성을 효과적으로 전달했다. 도시의 방대하고 다양한 특성을 하나의 고정된 이미지로 제시하기보다는 여러 요소가 공존하며 서로 돋보이도록 전략적으로 브랜딩을 진행했다. 결정적으로 시민들의 의견을 중심에 두어 주인의식을 느낄 수 있게 한 결과, 포르투의 다양한 모습들을 상징적인 아이콘으로 시각화해 활기차고 역동적인 공간으로 재탄생하며, 자발적인 입소문과 긍정적인 홍보 효과를 불러일으켰다. 포르투의 디자인 에이전시 화이트 스튜디오(White Studio)가 주도한

이 도시 브랜딩은 시각적 디자인 요소의 재구성을 넘어, 관광 효과를 극대화하며 다양한 지역 자산을 하나로 묶어 시민들이 스스로 도시의 이야기를 널리 알리는 변화를 이끌어 냈다. 그 결과, 포르투는 단일 아이콘으로 압축될 수 없는 다채로운 매력을 보여 주는 도시로 거듭났다. 포르투 도시 브랜딩 사례에서 알 수 있듯 진정성 있는 역사·문화적 자원의 활용이 도시를 더욱 빛나게 해 준다. 우리나라는 수많은 역사적 유산을 잃기도, 허물기도 했지만, 반면에 역사적 사실과 문화유산을 알리려는 노력은 계속해서 진행되고 있다. 앞으로의 과제는 빠르게 변화하는 우리 사회에서 역사와 환경을 지키며 도시의 정체성을 강화할 수 있는 방법이 무엇인지 찾는 것이다.

덕수궁 회화나무, 살아 있는 과거의 기록

도시의 정체성을 강화할 수 있는 요소는 다양하지만, 그중에서도 오랜 시간 동안 존재한 역사적 자산은 도시 브랜딩의 핵심이 될 수 있다. 한국에는 오랜 세월 한자리에 머무르며 그 가치를 잃지 않고 보존된 문화유산과 자연환경이 다수 존재한다. 서울에 위치한 조선 시대의 궁궐들과 여러 고분과 사적들은 한국의 깊은 역사와 전통을 증명하는 유산이며, 설악산, 지리산, 한라산과 같은 자연환경 역시 오랜 시간 동안 그 아름다움을 잃지 않고 보존되어 오고 있다. 이런 유명하고 거대한 유적들도 많은 이들이 역사를 보존하고 싶은 마음과 노력을 담았기에 지금까지 소중하게 관리되어 올 수 있었다.

이외에도 크고 작은 역사적 유산이 하나둘 사라져 가고 있는 요즘, 오랜 세월 동안 서울 중심지에 조용히 자리 잡고 있는 나무 한 그루가 있다. 덕수궁 선원전 터의 회화나무는 그 자체로 끈기와 인내의 미덕을 담고 있다. 회화나무는 덕수궁의 과거와 현재를 연결하는 살아 있는 기록이다. 그 잎사귀 하나하나에는 잃어버린 역사의 흔적이 담겨 있으며, 도시의 변화를 묵묵히 지켜본 증인이기도 하다. 어쩌면 사망 판정을 받은 후에도 기적처럼 다시 살아난 회화나무의 존재는 우리의 상처 입은 역사가 언젠가는 치유될 수 있다는 희망을 표현하는 것일지도 모른다. 이 같은 이야기들이 다음 세대로 이어질 수 있도록 인도하는 것이 현재를 살아가는 우리가 지켜야 할 사명이 아닐까. 시간이 흐름에 따라 잊혀져 있던 역사적 자산이 사람들에게 알려지고 존중받는다면, 도시는 단순한 물리적 공간을 넘어 과거와 현재, 미래를 잇는 생생한 정체성을 갖추게 될 것이다.

다음 세대를 위한 도시

우리가 만들어 가는 도시는 단순한 건축물의 집합체가 아니라, 역사의 흐름과 문화적 가치가 녹아 있는 살아 있는 터전이다. 이러한 역사성을 바탕으로 사회적 상호작용과 지역사회 참여를 위한 공간을 설계하여 사람들에게 긍정적인 소속감과 공동체 의식을 심어 줌으로써 일상에서의 행복감을 높여 주는 것이 그 도시를 행복에 한 걸음 가까워지게 한다. 그 도시에 살고 있는 구성원들의 역할도 매우 중요하다. 우리 모두가 도시의 디자이너로서 동네마다의 소중한 유산을 보존하고 계승하여 기억한 역사와 문화, 그리고 거기에서 느낄 수 있는 자긍심 안에서 미래 세대의 정체성은 물론, 지속가능한 도시의 정체성을 이어 나갈 수 있다. 역사적 유산과 자연환경, 그리고 사회적 연결이 어우러진 도시는 과거의 아픔과 기쁨을 기억하며, 다양한 세대의 삶의 질을 동시에 향상시킬 수 있는 공간으로 발전할 수 있다.

도시는 사람들이 만들어 가는 기억과 감정을 담는 그릇에 비유할 수 있다. 가시적인 요소를 넘어 역사를 바탕으로 정체성을 시민과 공유하는 데 성공한 도시 브랜딩은 단순히 도시를 하나의 상품처럼 홍보하는 데 그치지 않는다. 시민들이 진정으로 그 도시를 사랑하고, 그 도시가 품고 있는 의미에 깊이 공감할 때 그곳의 기억들, 풍경, 그리고 사람들 사이의 관계가 유기적으로 어우러지며, 도시 브랜딩은 하나의 살아 있는 이야기로 완성된다. 이렇게 완성된 도시 브랜딩은 다음 세대의 시민들에게는 뗄 수 없는 정체성으로 남아 지속가능하게 될 것이다. 고향이 된 도시는 시민이 그곳을 떠났을 때에도 정체성의 일부가 되어 언제든 그리움으로 다시 떠오를 것이다. 우리가 일하러 나갈 때나 먼 곳으로 출장을 갈 때 가족에 대한 그리움이 더욱 사무치는 것처럼, 도시도 사람에게 그렇게 기억되고 싶은 것이 아닐까.

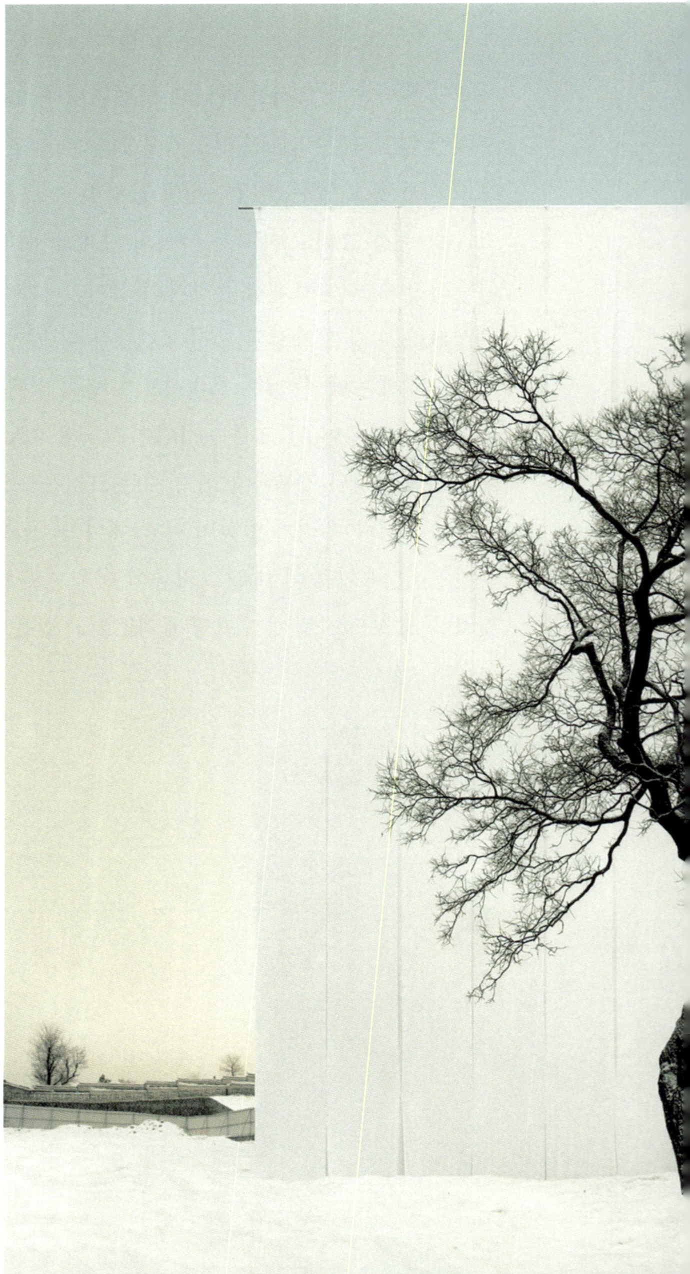

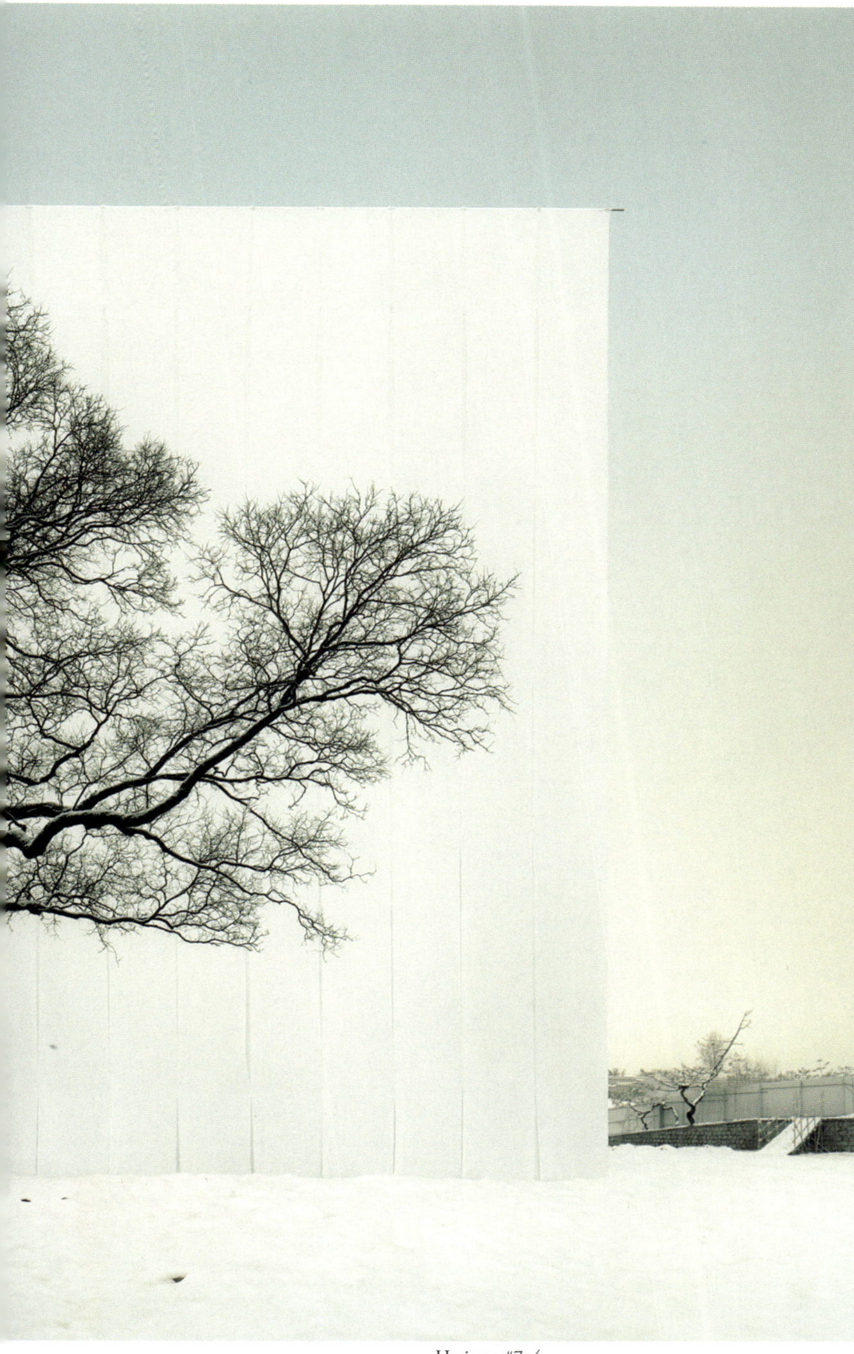

Heritage #7_4

저자 약력

이은주　홍익대학교에서 「매체변화에 따른 한국현대미술 연구: 한국 미디어아트 연구(1960-1970)」 라는 제목의 논문으로 박사학위를 취득했다. 판화, 사진, 미디어아트, 실험미술 등을 주로 연구해 왔으며 원로작가 디지털 사업을 통해 김구림, 이강소, 강국진을 연구하며 1960-1970년대 한국초기 실험미술로 확장시켜 연구를 진행했다. 주요 논문으로 「1960-1970년대의 실험미술과 매체예술 연구」, 「1970년대 이강소의 실험미술 연구」, 「포스트 디지털 미디어 시대의 판화의 동시대성 연구」 등이 있으며, 주로 장르 융합적인 현상에 주목하여 연구활동을 이어가고 있다. 기획한 전시로 「네덜란드 사진전 Visual Intersection.kr.nl」(2009), 「미디어극장전Welcome to Media Space」(2011), 「타임리얼리티: 단절, 흔적, 망각 TIME REALITY: disconnection, trace, oblivion」(코리아나 미술관, 2019) 등이 있고, 저서로 『백남준 이후: 미디어 아티스트와의 인터뷰』 가 있다. 대안공간 갤러리 정미소와 아트스페이스 와트 디렉터를 역임했으며 현재 국립현대미술관 학예연구사로 일하고 있다.

정혜진　변호사. 경북대학교 영어교육과를 졸업했다. 영국 런던대 골드스미스칼리지에서 문화연구로 문학석사학위를 받았고 강원대 법학전문대학원에서 법학을 전공했다. 생태대를 지향하는 사람들의 지식공동체 '지구와사람' 소속 지구법학회 회원으로 활동하며 지구법학을 공부하고 있다. 현재 지구법센터장을 맡고 있다. 저서로 『변론을 시작하겠습니다』, 『지구를 위한 법학 -인간중심주의를 넘어 지구중심주의로』

(공저), 『이름이 법이 될 때』가 있다.

공우석 경희대학교 지리학과 교수. 이과대학장을 역임하고 현재 기후변화생태계연구소장으로 지낸다. 저서로 『우리 나무와 숲의 이력서』, 『침엽수의 자연사』, 『한반도 식생사』, 『숲이 사라질 때』, 『바늘잎나무 숲을 거닐며』 등이 있다.

최종덕 한양대학교 건축공학과를 졸업했다. 미국 오리곤대학교에서 역사보존학으로 석사 학위를, 서울대학교 대학원에서 건축학으로 박사학위를 받았다. 국립문화재연구소장을 비롯해 문화재청 문화재정책국장 및 문화재보존국장, 국립고궁박물관장 등을 역임했다. 지은 책으로 『조선의 참 궁궐 창덕궁』, 『숭례문 세우기』 가 있다.

소현수 서울시립대학교 조경학과를 졸업하고 동 대학원에서 박사학위를 받았다. 현재 서울시립대학교에서 조경 역사학을 강의하고 있으며, 연구와 용역으로 옛 경관에서 찾은 조경의 규범을 계승한 역사경관의 바람직한 공존과 자연유산의 보전 및 활용을 모색하고 있다. 국가유산청 궁능문화유산분과 위원과 (사)한국전통조경학회 편집위원장이다. 저서로 『오늘, 옛 경관을 다시 읽다』(공저), 『지리산 유람록의 이해』(공저), 『조경가를 꿈꾸는 이들을 위한 조경 설계 키워드 52』(공역), 『처음 만나는 조경학』(공저)이 있다.

심경미　서울시립대학교 도시공학과와 건축공학과를 졸업하고, 동 대학원에서 박사학위를 받았다. 현재 국무총리산하 국책연구기관 건축공간연구원의 선임연구위원이며, 한국전통문화대학교 미래유산대학원에서 '역사문화환경 관리와 공간콘텐츠'를 강의하고 있다. 도시의 역사와 시간의 켜를 존중하는 공간관리와 사람중심의 도시 만들기에 관심을 갖고 도시설계, 경관, 건축자산, 고도, 역사문화권을 중심으로 공간관리와 지역재생에 대해 연구하고 있다. 국가유산청 문화유산위원(궁능문화유산분과), 수원시 경관위원·건축위원, 부여군 경관위원·고도위원이며, (사)한국도시설계학회 이사, (사)한국경관학회 상임이사로 활동하고 있다.

임희정　서강대학교에서 사학과 경영학을 전공하고 미국 컬럼비아 대학에서 지속가능분야 석사, 연세대학교에서 과학기술정책분야 박사과정 중에 있다. 현재 스탠포드대학 부설 연구소인 한국스탠포드센터에서 도시의 지속가능성을 위한 다양한 기술과 제도, 정책을 연구하고 있으며, 도시의 생태 환경에 관심을 가지고 활동하고 있다. PWC와 IBM 컨설팅에서 다양한 산업 프로젝트를 수행했으며, 한국과 미국의 스타트업에서 지속가능개발(Sustainable Development) 분야 전문가로 활동했다.

김서영　디자이너이자 연구자. 캐나다 오캐드 대학교에서 산업디자인을 전공하고 홍익대학교 국제디자인전문대학원에서 디자인경영 석사와 디자인학 박사 학위를 취득했다. 한국스탠포드센터 연구원으로 재직 중이다.

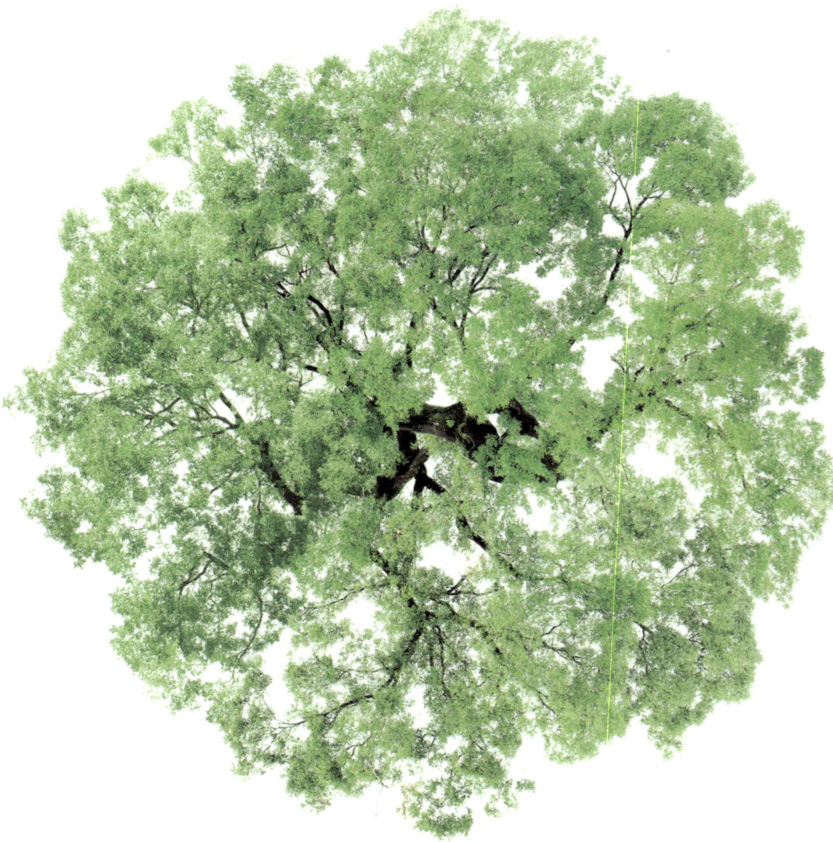

Heritage...... #7_14

덕수궁 회화나무 프로젝트

1판 1쇄 찍음 — 2026년 1월 2일
1판 1쇄 펴냄 — 2026년 1월 9일

지은이 — 이명호 외
주최 — 한국스탠포드센터
주관 — 국가유산청
발행인 — 박근섭·박상준
펴낸곳 — (주)민음사

출판등록 — 1966. 5. 19. 제16-490호
주소 — 서울시 강남구 도산대로1길 62(신사동)
강남출판문화센터 5층(06027)
대표전화 — 02-515-2000 팩시밀리 — 02-515-2007
홈페이지 — www.minumsa.com

ISBN — 978-89-374-4866-9 (03600)

* 잘못 만들어진 책은 구입처에서 교환해 드립니다.